ルポ 新宿歌舞伎町 路上売春

Mizuho Takagi
高木瑞穂

TETSUJINSYA

プロローグ（序章）

「街娼――街頭に立って客をさそう娼婦」（『広辞苑』岩波書店）

　ずっと不思議に思っていた。なぜ彼女たちは路上を選ぶのか。彼女たちとは、世に言う街娼――立ちんぼである。ソープや本番アリの裏風俗に所属するのではなく路上で春を売るのかが不可解なのだ。フリーで売春することは、働きやすい職場環境を作ることであり、スタッフや同僚たちとのしがらみから逃れ自由を手にする半面、後ろ盾もなく逮捕されたり犯罪に巻き込まれたりのリスクを負うことになる。いまの時代、その立ち姿をスマホのカメラで容易に盗撮できる状況にあることからしてＳＮＳを通じて拡散されることも頭に入れておかなければならない。

　何も路上に立たなくてもカラダを売ることは可能なのでは。例えばデリヘルで人知れず本番し、通常のプレイ料金とは別に対価をもらえばいいのでは。さらに出会いカフェにマッチングアプリ――比較的安全にカラダを売る方法は他にもあるものだ。

　売春の現場が多様化していることからして、普通はそこまで飛躍はしない。果たして僕の理解と街娼たちの存在との間には大きなギャップがある。

東京の街娼を象徴する〝現在地〟としては、東京・新宿歌舞伎町の高層ビル『東京都健康プラザ ハイジア』と、そのハイジアと隣接する『新宿区立大久保公園』がある。このあたり一帯が街娼たちの根城だ（8ページ地図参照）。

歌舞伎町2丁目の一角――『新宿TOKYU MILANO』及び『VR ZONE SHINJUKU』の跡地に建設され、2023年4月14日に開業した、ホテルや映画館エンタメ施設を有する国内最大級の複合高層ビル『東急歌舞伎町タワー』から花道通りを挟んだ真向かいに位置する健康づくりの総合的施設ハイジアは、1990年8月9日着工し、1879年に『東京地方衛生会立大久保病院』として開設された――関東大震災により崩壊――1929年に帝都復興計画により再開――『東京都立大久保病院』を飲み込む形で1993年4月30日に竣工した。

敷地面積1万平方メートル強（テニスコート〈ダブル〉約38面）。地上18階、地下4階の建物は、大久保病院がある病院棟と業務棟の2棟からなり、業務棟は地下1階から地上7階までがスポーツクラブやフィットネスジム、インターネットカフェなどの商業施設、8階以上はオフィスが入居している。正面入り口を背にして敷地内左手には歌舞伎町交番もある。

名称の「ハイジア」は、ギリシア神話に出てくる医学の神アスクレーピオスの娘で衛生を司る女神ヒギエイア（ハイジア）に由来している。名称に乗じるかのように、2008年には3階に、インターネットカフェで寝泊まりしながら不安定な就労に従事している者たちに対しての生活支援、居住支援、就労支援、資金貸付相談などを実施するサポートセンター『TOKYOチャレンジネット』が開設された。

一方で、敷地内ではないが路地を一本挟んだ西側には、〝健康プラザ〟や〝ハイジア〟の名称に似つかわしくないラブホテル群が広がる。さらに徒歩圏内の大久保・歌舞伎町エリアには、広範囲にわたってより多くのラブホテルが乱立する。
街娼・ラブホテル群の〝性〟と、歌舞伎町交番・TOKYOチャレンジネット・大久保病院の〝政〟。これほど性と政のコントラストがはっきりしないエリアも珍しいのではないか。

この地が好事家たちからハイジアの隠語で呼ばれ、全国有数の街娼スポットとして認知されるようになったのは2005年ごろからのことだ。やがてそのエリアはハイジア裏口から路地を一本挟んで隣り合う、1950年に開園した敷地面積3300平方メートル（テニスコート〈ダブル〉約12面）の大久保公園外周へと広がっていく――。これがいまも続く大まかな現地の状況である。

取材を始めて半年が過ぎた2022年夏には、これまで30代から60代の街娼たちが中心だったが、10代後半から20代前半が立つというありえない現象が起きていた。それも平日で15人から20人、週末ともなれば30人以上が散見されたのだから驚きである。
どうして多くの街娼たちがこの場所で生きるのか。なぜ集うのか。あるいは引き寄せられるのか。一見すると共通点のない現象は、2023年に入ったいまも続いている。繰り返すが、大勢の若い日本人女性が路上で客を引くという、目を疑うような光景が広がっているのだ。何かこの場所の成り立ちと関係があるのだろうか。

本書は、僕が抱く〝なぜ〟について、街娼たちへの取材などから解き明かすものだ。しかし街娼たちを直撃して立ち話をする程度では、表層部分は汲み取れても、その真相には辿り着かない。やはり長期にわたる密着取材が必要だろう。そして見通しをよくするためには、全国に点在する街娼スポットを網羅するのではなく、ハイジア周辺だけに絞る必要もあるだろう。むろん取材対象者数は、多ければ多いにこしたことはない。

東京の街娼たちがハイジア・大久保公園周辺に集まり始めたルーツを紐解くとともに、多くの日本人女性が路上でカラダを売るという不可解な現象の真相を探るべく、僕は〝現在地〟に通うことにした。

＊本書に掲載している新聞記事の一部は、読みやすさを考慮し、内容を改変することなく省略や要約を行っています。
＊本書の登場人物は、一部の例外を除き、敬称略とさせて頂きました。

新宿歌舞伎町「ハイジア」「大久保公園」周辺図
新宿区立大久保公園
ラブホテル街
ラブホテル街
東京都健康プラザ ハイジア
大久保病院
歌舞伎町交番
東急歌舞伎町タワー
シネシティ広場
西武新宿駅

第1章

統合失調症とASDを抱える女

琴音（31歳）

琴音

今回、東京・新宿歌舞伎町の路上で、春を売る女性たちへの取材を始めたのは、２０２１年暮れの夜のことだった。外には木枯らしが吹き、街路には落ち葉が舞っていた。

僕は、無数の細い鉄柱で仕切られた大久保公園の四方を囲む路上の一角にいた。取材に応じてくれる手はずの街娼・琴音（31歳、仮名）と付近のうらぶれた喫茶店で待ち合わせしていたのだが、約束まで時間が少々あったので、手始めに現在地をこの目で観察することにしたのだ。

ここでは、公園内の一角に設置された喫煙所にたむろする高齢者たちと、隣接するバスケットボール広場で汗を流す若者たちと、春を売るためあっけらかんと公園外周に立つ街娼たちと、街娼を遠巻きに眺めながら鼻息を荒くする買春客たちとが、何の違和感もなく同居している。街娼の年齢層は幅広く、下は10代後半から上は60代までいる。なんでこんな子が路上で売春を。まともに考えたら、どうにも理解できない美女もなかにはいる。ただし、売春相場はてんでバラバラで、売値を一律にして市場を守ろうといった横の連携はなく、また統制もとれていない。

ひとたび街娼が路上に立つと、まばたきをする間もないほどの速さで鼻の下をのばした買春

ハイジア・大久保公園周辺で客待ちする日本人立ちんぼ（2022年6月撮影）

客たちが近づき、しばしの交渉の果てに付近のラブホテルへと消える。小一時間ほどで公園に戻り、再び元の場所に立つ街娼も少なくない。

僕はその光景を見て、この地における人間関係が夜の闇のなかに炙りだされているように思った。

「もし私が捕まったら身元引受人になってよ」

「私、実はデリヘルにも在籍しているんですよ。激安店で、勤態（勤務態度）は悪いけど、出勤すれば満枠（予約で埋まる）なんです。それに、マイナー劇団だけど舞台とかにも出てるんですよ」

約束した時間に少し遅れてやってきた琴音とは、以前、このうらぶれた喫茶店に旧知のライターと琴音が一緒にいたところに、たまたま僕が居合わせたことで知り合った。髪型は胸のあたりまでの長さのストレート。20代前半と言われればそう見えるし、30代と言われればそう見えるような、不思議な空気を持った子だった。

風俗店に出勤すれば、1日平均5万のカネを得るという琴音に、「風俗でやれているのになんで立つの？」と尋ねると、「単純に閉鎖された空間が嫌だから」だと冗談とも本気ともつかない理由を口にしながらも、いまの生活に危機感を覚えているようで、「でも捕まりたくはない。だから最近は、立つ意味とは、ってなってるよね。ねえ、高木さん、もし私が捕まったら身元引受人になってよ。友達でもなれるから」と琴音は突然、話しはじめた。

僕を身元引受人に琴音が選んだのは、売春という他人には言えない仕事をしていることからして、関係が希薄なほうが好都合であるからだ。親や友人は頼みにくいからだ。もし売春で御用となれば「お願い」と、琴音は続けた。家柄がよく、親が厳しいから「手錠なんてかけられたら親に殺されちゃう」のだという。確かに彼女と話しているうち、良い家庭に育ったというのもあながち嘘でないと思えてきた。

琴音の背景をとりわけ感じられたのは、一緒に食事をとったときだ。僕が「好きなものを頼んで」と言うと、「お腹すいた」と少しはにかんで、アイスティーと一緒に目玉焼き付きのハンバーグセットを注文した。その目玉焼きを、半熟の黄身を纏った白身の膜が破れて、黄身がトロけ出して白い皿が汚れないように、フォークとナイフを使って上手に黄身と白身とに取り分け口にする。その仕草はまさに厳格な家庭で育ったことを物語っていたのである。いくら取り繕っても、食事をすれば様々な面でお里が知れるものだ。

話を戻すと、逮捕後の手続きで重要なのは、身元引受人の確保もさることながら、本名を伝えることであり23区に３つしかない女子留置場のどこに収容されるかを知ることだ。詳細は後述するが、法律上、女性側は処罰対象にならないので（68ページ参照）、身元引受人が収容先の留置場に連絡を取れれば、早期に釈放される可能性が高いからである。

琴音は、逮捕経験がある同じ街娼仲間の未華子（32歳、仮名）から聞いて知っていたようで、僕が湾岸署に原宿署、あとひとつは知っているかと聞くと、西が丘でしょと即答した。そして「あとで本名を教えるから。その３ヶ所に電話して名前を言ってどこに留置されているかの確認が取れれば、２・３日で出られるから」と、内情も熟知していた。

琴音からすれば僕は、利用したい道具のひとつなのだろう。代わりに取材をさせてあげるからと話す。代わりに、させてあげる。まだこのとき、いかに信頼されていなかったかが言葉の端々から伝わってくるようだ。

街娼になったきっかけや手口の話を琴音が具体的にしたのは、僕がそれを引き受けてからだ。

「実家から通いで新宿のソープランドで働いているとき、父親のクレカの使い込みがバレた。計60万くらい。よく親のカードをくすねちゃうんですよ。買いたいものがあるからちょっと借りるねって言って、（ルイ・）ヴィトンで切りすぎちゃった」

育ちの良い琴音が風俗に勤めるようになったのには事情があるはずだが、それは後回し。まずは思いつくまま自由に話してもらうことにしよう。

「それで自暴自棄になり、逃げるようにしてレディースサウナに泊まったの。そしたら、泊まっているのは立ちんぼだらけで。1ヶ月くらい住んでるなかで、未華子と仲良くなって。で、風俗やってると話したら、公園のほうが稼げるよって教えられて、気づいたら立ってた」と、すでに街娼をしていた未華子から聞いて「公園」に立ち始めたのだという。2019年8月、新型コロナの猛威が始まる数ヶ月前のことだ。

「公園」とは、琴音や未華子のような歌舞伎町の街娼がよく使う売春行為の隠語で、大久保公園周辺でカラダを売ることを指す。

風俗で100万以上稼いでるのに〝公園〟を選んだ理由

「みんなレディースサウナを拠点に売春してた。出入り自由の女子刑務所みたいな感じで、犯罪者同士が逮捕されたあとにするように、楽してお金を稼ぐ手口の情報交換の場になっていた。あの子たちって、顔付き（「顔写真付き」の略）の身分証がないから風俗店で働けないの」

――最初はノリで？

「未華子が『いまから立つ』って言うから、暇だったしついていこうかな、みたいな。最初は未華子とふたりで立った。で、未華子が『新人だよ、この子』って常連客に紹介してくれて、初日からすぐ客がついた。未華子は公園歴は4年。歴も年も私より1年先輩です」

――月に何日くらい立つの？

「ほぼ毎日です」

――いつも何時から何時まで立つの？

「毎朝5時に目が覚める。起きて、新宿のホテルに泊まってるときは、スマホでハピメ（出会い系アプリ『ハッピーメール』の略）開いて、すぐ会える人がいたらそのまま待ち合わせてイチゴー（1万5千円）くらいで1件こなす」

――安いね。

「いや、いまはイチゴーでも高いほうだよ。ゴムあり（コンドーム着用の有無）かどうかまではわからないけど、友達は7千円とかでやってるから。私はゴムありの場合もあれば、ナシの場合もある。で、東新宿の定食屋で朝ごはん食べて、ホテルに戻って小一時間寝て。起きるのは昼の12時ごろ。メイクをして、とりあえず出会いカフェのタイムラインを見る」

出会いカフェとは、大部屋にいる女性客を男性客がマジックミラー越しにのぞき見をして、気に入った女性を店員に伝えて半個室で落ち合い、店外デートの交渉をする風俗店である。来客する者たちは男女共に援助交際目的が多く、デートではなく売春交渉の場になっているの

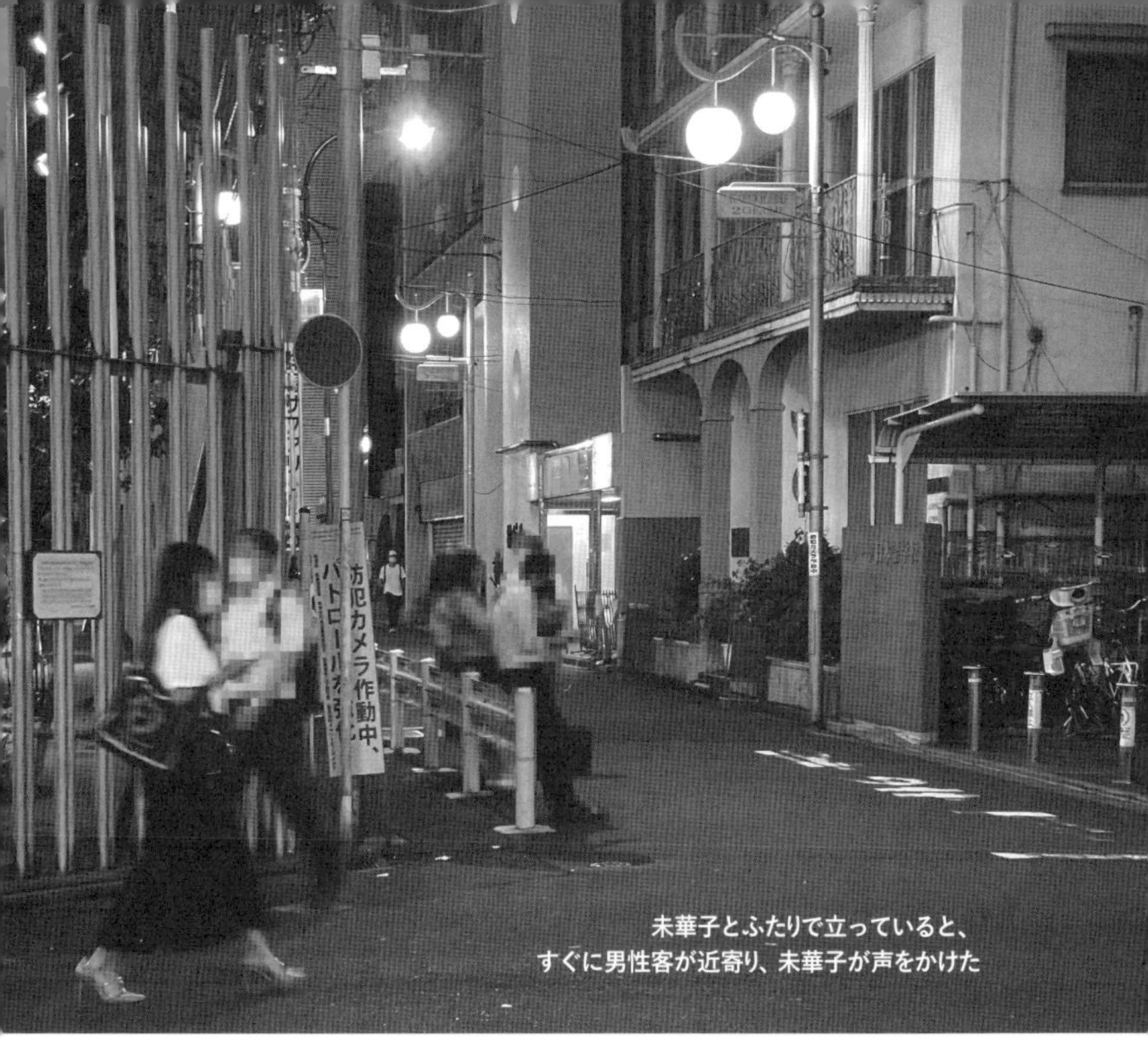

未華子とふたりで立っていると、
すぐに男性客が近寄り、未華子が声をかけた

は、いまや公然の秘密だ。

「で、客が多そうだったら出会いカフェへ行くし、少なかったら公園へ。公園へ行って、客がいたらそのままホテルへ行って。客がいなかったら公園内の喫煙所で太陽を浴びながらタバコを吸って。太陽浴びるのはリハビリ。なんか病まなくなるから。まあ、客入りの状況を見て、公園と出会いカフェとをグルグル回る感じかな」

1ヶ所に留まることを嫌い、公園と出会いカフェとを回遊する。場所移動を繰り返すのはあくまで客探しのためだ。

「でも出会いカフェって苦手なんだよね。狭いし、ちゃんとトークしないと店員に怒られるしで。で、そのうち公園仲間の未華子と合流して、お腹が空いたら『にいむら』（歌舞伎町・セントラルロード沿いにあるしゃぶしゃぶ専門店）でしゃぶしゃぶランチ食べて。公園の子は『にいむら』に行きがち。ほら、ランチタイムが15時までだから助かるんだよね」

――公園ではいくらで売るの？

「基本はイチ（1万円）で本番。いまの相場はそれくらい。でも、ときには3千円でもやる。

結局、この仕事はチリツモ（ちりも積もれば山となる）だから。３千円でも10人客を取れば３万円だから」

――最初の客のこと、覚えてる？

「相手の顔も、プレイ時間も覚えてない。夏だったから、『暑い、汗かいちゃった。お風呂入ろう』って言って、秒でシャワー浴びる。で、『寒いからベッド行くわ』とか言ってベッドに行くじゃん。で、客とのセックスはリアクション芸だから、こっちは風俗歴の長いプロだからサクッと感じてる演技して、３分後には『もう入れたい』ってこっちから切り出して。で、『ありがとね。またね』とか言って、バイバイ。それでお互いハッピー」

――でも、嫌な客もいるでしょ？　態度に出たりしないの？

「地雷はしない（地雷＝外見が良くなかったり、接客態度が悪い風俗嬢を指す。ここでは接客態度を悪くしない、という意味）。逆上されたら怖いから」

――今日も立ったの？

「うん。なんか気疲れしたから１本（ひとりの客）しかやらなかったのかなぁ」

――決まったラブホがある？

「うん。いつもハイジア横のレンタルルーム。安くて（60分3千円）、わりとキレイで、しかも1時間制だから。2時間制とかだと客に長居されちゃうからね。あとね、他のラブホは移動手段がエレベーターが多いなか、いつも使うところは階段だけ。階段だとエレベーターの到着待ちでまごつくことがない。だから、客がシャワー浴びる隙に財布を盗んで逃げる子もいるよ。でも、私はやらない。バレて殴られたりでもしたら嫌だから」

――稼いだお金は何に使ってるの？

「洋服と、日々の生活費でほとんど消える。たまにホストクラブにも行くよ」

――3年前までは普通に風俗で働いていたんだよね。それなりに稼いでいたんだよね。

「うん。月平均100万円以上はありました」

――なのに、なぜ公園を選んだの？

「レディースサウナから近いし、好きなときに帰れるし、縛られないし。気楽に行けるから。しかもデリ（ヘル）以上に稼げるから」

いまの街娼にはみかじめ料の徴収がない

インタビュー中、どう見積もっても風俗店に出勤したほうが安心・安全なのでは、と思いながら琴音の話を聞いていた。安くはない代償を払っているのではないかと、発言に強い引っかかりを覚えながらも、その居心地のよさはもちろん、プレイ料金が決められていない公園での売春の実入りは青天井で、デリヘル時代よりさらに上ぶれる可能性があるからやめられないのだと付言されると、リスク承知で公園に身を置く利点をまざまざと実感させられた。

琴音の言葉を額面どおり受け取れば、年齢やビジュアルから既存の性風俗店では雇ってもらえない女性の終着点という性格が強い、これまでメディアが描いてきた「貧困した末路」には決して分類されない、新たな女性像が浮かび上がってくる。彼女は、街娼という特異な行為を、自ら、進んで、選んでいるのだ。

「怖い人たちにお金を取られることもないしね。みんな払ってないと思う」

琴音が図らずも口にしたのは、いまの街娼たちには地回りのヤクザからのみかじめ料の徴収がないという事実だ。キャバクラやデリヘルとは違い、街娼たちは個人営業だが、令和以前はリベートを支払う慣例があった。都市の裏面史や色街の歴史についての著書が多数あるライターのブラボー川上は、MOOK『うわさの裏本』（ワニマガジン社、1997年）のなかで、1990年代のみかじめ料について次のように記している。主要部分を要約して伝えたい。

〈歌舞伎町で立ちんぼをする若い日本人女性の相場は日に4〜7千円。新大久保の外国人は7千円といわれている。夜になると、どこからともなく地回りの男がやってきて、彼女たちからカネを徴収する。

建前上、立ちんぼたちに降りかかる様々なトラブルの処理をするためカネを徴収していることになっている。だが実際は、立ちんぼたちが得た売春代から上前をはねているだけで何もしないようだ。

7千円という、ほどよい金額にしているのは、あまり搾取すると成り手がなくなるからららしい。地回りの男からしても、少ない金額を多くから徴収した方が割がいいということもあると

いう。ちなみに稼ぎが少ない年増の日本人やニューハーフの場合は、週1万円ほどを徴収するに留めている〉

僕がハイジア界隈の街娼たちへの取材でみかじめ料の証言を直に得たのは、2011年の夏のことだ。街娼たちは1万5千円ほどでカラダを売り、「1本（ひとりの客）につき2千円を見張り役のヤクザにバックする決まり」だと答えていたが、このときを境に、みかじめ料の話はほとんど聞かれなくなっていく。2014年、2017年にも取材を試みたが、ヤクザっぽい人に言い寄られるも、「待ち合わせしているだけ」と答えればカネをせびられることはないと、口を揃えたのである。おりしもみかじめ料がなくなったのは、ヤクザと一般市民との関わりを規制する「暴排条例」（正式名称・東京都暴力団排除条例）が東京都で施行された2011年10月1日と重なる。その流れがいまも続いているとみて間違いない。

話を戻そう。琴音の街娼としての生態を書くだけならわざわざ取材を重ねるまでもなく、これで「はい、おしまい」である。だが、それで片付けられないのではないか。何が琴音を公園に走らせたのかを改めて思う。街娼になるまでの間に、琴音のなかに何か重要な出来事があったはずである。あるいは大きな事象ではないとしても、小さな一つ一つの積み重なりがあったはずである。

もっともいまの僕は琴音からそれを聞き出せる関係にない。過ごしてきた家庭環境やいまの暮らしぶりを聞きだそうとしたが、いずれもきちんとした説明はなく、「うーん」と言葉にならない声を漏らしてすぐに話を変えてしまうのが実情だ。

〈これは今後、定期的に会い、時間をかけて聞き出していこう〉

そう思った僕は、いったんテレコを止め、しばらくは世間話に切り替え、次に会う日取りの約束を取り付けることに専念した。そしてできれば密着取材を許してもらうことをお願いした。

「うん、それはいいよ」

琴音は身バレしないよう配慮することを条件に、期せずして僕の打診を受け入れた。これが、生い立ちや負の側面をえぐり出すため、約1年間にわたり僕が琴音を追う始まりだった。

成績は常にトップクラスで、高校では生徒会長に

舞台女優でもある琴音が街娼になったのは28歳、コロナ禍前の２０１９年夏である。「親ガチャ（ネット俗語で、親を自分で選べないこと）」により、人生は大きく左右される。よく言われるように、何度か会ううちに少しずつ語られた路上に立つまでの道のりは、確かにそれを体現したかのようなものだった。

琴音は１９９２年、瀟洒な家々が並ぶ横浜市内の高級住宅街で生まれた。大手商社でサラリーマンをしていた父と、専業主婦の母。絵に描いたような準富裕層家庭のひとりっ子だったが、幼稚園に上がるころになると琴音は、母によるしつけという名の虐待で全身に痛ましいアザをつくるようになった。学習塾、英会話スクール、ピアノ、バレエ、新体操――過保護で教育熱心だった母は、それらの成績がふるわないと、大切な一人娘を愛するばかりに琴音を全裸にして殴る蹴るを繰り返したのだった。

虐待は決まって父のいない隙に行われた。だから父親は知らないし、また母が怖くて相談もできなかったという。ちなみにその虐待は、琴音が小学校の中学年になると止んだ。母が改心したわけではなく、琴音が成長して抵抗できるようになったからだった。

「母には自分をハブにしたママ友たちへのコンプレックスがあって、それが私に向けられていたと思うんですよ」

通っていたのはセレブ幼稚園で、保護者同士の見栄の張り合いが絶えなかった。そんななか母は、寝坊をしがちで、登園時間に間に合わないことが頻発してママ友から仲間外れにされていた。その結果、周囲が娘に小学校受験をさせることを知らされず、準備が遅れて自分の娘だけ公立小学校に進学させるはめになった。きっとそれが悔しかったんだよね。だから私を立派に育ててママ友たちを見返したかったんだよね――琴音は母が虐待を繰り返した持論を当時の自分に問いかけるようにして語った。

当時の琴音は「自分が悪い」と思い込んでいた。やりたい習い事はすべてやらせてくれたり、お弁当には琴音の好きな食べ物をいっぱい詰め込んでくれたりしたからなのか、虐待を母なりの愛情表現として受け止めていた。虐待は止んだが、母なりの庇護意識からなのか、その後もママ友たちへの復讐心を元にした過剰なまでの教育は続いた。娘が立派に育っている。なら、もっとキツい指導を与えよう。おかげでリストカットしたり、不登校にもなったけど、そんなのよくあることだし、家庭教師をつけてテストだけ受ければ問題なし。私の教育方針は間違ってないはずだ。

事実、再び登校し始めた中学時代の琴音の成績は常にトップクラスで、高校では生徒会長にもなった。琴音は琴音で悲しませまいとして必死に母の期待に応えたのである。結果として、琴音は晴れて、母も自分も望んだ有名私立芸大に合格する。

振り返れば、琴音がゆくゆくは舞台女優を目指すと決めたのは、中２の夏のことだ。演劇好きの母の誘いで帝国劇場でミュージカル鑑賞をしたことで、見事にハマったのである。

高校生になると、自ら行動を起こして小劇団で汗を流すようにもなった。「憧れていた女優は？」と聞くと、母の毒親ぶりを語るときとは違い、「余貴美子。そんなに綺麗じゃないのに舞台や映画に引っ張りだこだったから、私にもできると思って」と、琴音は夢に向かって邁進していた当時の自分を重ねて、このときだけは声を弾ませた。

娘がODで倒れているのを母が発見。そのときに取った行動は

母に劇的な変化が生じたのは、大学進学から2年、琴音20歳のときである。

「私が大学に受かるところまでがお母さんの絶頂期だった。高校では生徒会長で、有名芸大にも合格させた。お母さん偉いわ、みたいな。でも、私がダブったら、お母さん、突然頭がオカシクなっちゃって」

もう成人したとはいえ、過剰なまでに愛情を注いできた娘の挫折に、母の精神は壊れてしまったのだという。

「私に、毎日『一緒に死んでくれないか』ってガチなテンションで言ってくるようになったの。『恥ずかしいから』って。で、精神科に」

――お母さんに精神疾患が見つかったってこと？

「そう、統合失調症。のちに私も統合失調症だと診断された。だから遺伝だと思う」

――琴音も統合失調症？　病院には行ったの？

「うん」

――なんで？

「死のうと思ってOD（オーバードーズ）した。家にあった風邪薬を飲みまくった。そしたら死にかけたの。そのとき医者から診断された」

――留年して、お母さんの病気がわかった直後のこと？

「わかんない。記憶が曖昧なんですよね、当時の私は沼で」

沼とは、「(底なし) 沼」にたとえて、ゲームやアニメなどの作品にどっぷりハマってしまう様子と、的確な受け答えのできない人の2つの意味がある、ネットスラングである（さらに知的障害の意味でも使われる〈〝池沼〟という〉が、ここでは関係ないので割愛）。琴音の場合は後者で、理性を失った母の心の奥底に否応なしに引きずり込まれてしまい、その間の記憶がすっぽり抜け落ちているということだ。ただ、微かながらに覚えていることもある。

彼女がODで倒れているのを発見した母は、救急車を呼ぶと思いきや、サイレンの音でバレて周囲から奇異の目で見られることを嫌い、飲み込んだものを吐くように言うだけで、ひどい腹痛に襲われ意識が朦朧とする琴音をそのまま放置したという。結局、病院には連れて行ったのだが、娘が生死の境を彷徨っていたとき、それでも母の頭に浮かんできたのは「世間体」だったことになる。

琴音の不可思議な行動は妄想や幻覚が原因なのか

統合失調症は遺伝的な要素があるともいわれる精神疾患である。両親のどちらかが統合失調症の場合、子供が発症する確率が飛躍的に上がる一方で、後天的な要素も含まれるので一概には言えない。琴音の場合、遺伝かどうかは定かではないが、のちに風俗嬢になる——そして街娼になる現実を説明するためには、琴音が患う精神疾患について知ってもらった上で話を進めなければならない。

心や考えがまとまりづらくなってしまう病気、統合失調症。健康なときにはなかった状態が表れる陽性症状（妄想、幻覚、思考障害）と、健康なときにあったものが失われる陰性症状（感情の平板化、思考の貧困、意欲の欠如、自閉、記憶力の低下、注意・集中力の低下、判断力の低下）があり、当事者の気分や行動、人間関係などに影響が出るらしく、琴音の場合、陽性症状のときは幻覚と妄想に襲われるという。

中程度の症状「2級」と診断されているという琴音は、いま服用している薬をテーブルの上に広げてみせてくれたことがあった。飲んでいるのはエビリファイ（抗精神病薬）、ワイパックス（抗不安薬）、マイスリー（睡眠薬）、デエビゴ（睡眠薬）、リスパダール（抗精神病薬）と、それぞれの薬を指差しながら説明すると、「なんか、私はゼロか100かの性格で、仕事ってなると100のパワーで全力投球しちゃうから、疲れちゃう。だから一般職はもちろん、風俗も何か糧がないと続かないんですよね」と言った。そして続けた。

「だから統合失調症だけじゃなくＡＳＤ（自閉症スペクトラム障害）も混じってるんだと思います。でも、他人に大きな迷惑はかけないくらいで、いわゆる軽度ってやつ。精神科の先生にも言われました。あなたはＡＳＤっぽいけど、これ以上処方したら薬漬けになるからやめましょう、って」

琴音の密着取材は、振り返れば苦難の連続だった。約束の時間に遅れる――「家から出られない」とすっぽかす――そして、「やっぱり書かないでほしい」と取材自体を反故にする。おそらく何かの幻覚や妄想の影響で、前に進んではダメだと不安にかられたのだろう。それらの不可思議な行動は単なる怠慢ではなく、多分に統合失調症の陽性症状が影響していたとみるのが自然なのだ。

そしてＡＳＤは、治ることはない生まれつきの脳機能の発達が関係する障害で、ＡＤＨＤ（注意欠陥・多動性障害）やＬＤ（学習障害）とならび、主な発達障害のひとつだ。できることとできないことの能力に差が生じ、仕事や日常生活に苦しむ。とりわけＡＳＤは、知的な問題はないが、人間関係のコミュニケーションに問題が生じる障害だ。思い込みが激しかったり、場の空気を読めなかったり、こだわり行動（興味・関心が限定される、特定の行動を繰り返す）があるといった症状によって特徴づけられる。ただし症状には軽度から重度までグラデーションがあり、軽度の場合はわかりづらいものらしい。ちなみにADHDは不注意が多く、加えて多動・衝動性が強い。LDは知的発達に遅れはないが読み書きや計算が困難、といった特性がそれぞれある。

さらにASDの気質を対人関係に焦点を当てれば、以下の4つのタイプになるようだ（以下、webサイト『みんなの障がい』より引用）。

・**孤立型**――周囲とコミュニケーションをとろうとせず、自分から孤立する
・**受動型**――集団の中で人と関わろうとするが、自分からは関わりにいかない。命令されやすく、流されやすく、自分の意見をもてない
・**積極奇異型**――人との交流に積極的で、人との距離感が誰にでも近すぎる。自分の話したいことをずっと話し続ける
・**尊大型**――自分の主張を一方的に押しつけて、まわりを圧倒しようとする。高圧的な態度

でふるまう

つまり孤立型・受動型のように内向的で大人しいタイプと、積極奇異型・尊大型のように外交的かつ攻撃的なタイプとに大別される。

そこで琴音に照らし合せれば、一旦は約束を好意的に了承する――のちに容赦なく反故にする――といった行動に表れているように、それは後者ではないのか。ひいては琴音が語る「きっかけ」はひとつの事象にすぎない。むしろASDの症状のひとつである「こだわり行動」が多分に外交的で攻撃的な琴音とセックスワークとを結びつけたのではと思えてくるのだ。

「でもさあ、その私がこうやって自立して、仕事のメインは売春だけど細々とでも舞台もやってるのって、すごいよね。うん、こんなにいい仕事ないと思う。学も教養もなく手っ取り早く稼げるし」

自分の天職を見つけた彼女はまばゆいばかりに輝いていた、というのは言い過ぎかもしれないが、いまを照らして「私は売春に救われた」と語る姿は、過去を話すときよりずいぶん希望に満ちていた。

ホストに騙されていると知りながら風俗嬢に

大学をダブり母が壊れた２０１２年の秋、人生に絶望して親元から離れることを考えた琴音は、生活費を得るため地元・横浜の繁華街でキャバ嬢になった。

何もいきなり水商売をしなくても。一般的なアルバイトでもよかったのでは。厳格なうえに過干渉な母が知れば許しはしないだろう。夜の世界に足を踏み入れるなど――キャバ嬢という職業が一般化して久しいが――母からすれば非行と見なすものだ。なぜ琴音はキャバクラを選んだのか。

「うーん、前にも言ったけど、コンビニとかだとミスしてばかりで続かないんだよね。それに、なんとなくだけど、母に迷惑をかけたかったというか、裏切りたかったというか」

ともかく、琴音は両親に隠れては、横浜のキャバクラに出勤するようになる。

平日の夜、キャバクラのバイトは休みだったが、この日も通い慣れたキャンパスを避けて夜の街に出向いた。

フイに現地で目にしたのは、イケメン揃いの写真群がデカデカと載るホストクラブの広告看板である。初回料金3千円にして、手持ちは1万円。これまでホストクラブで遊んだ経験はなかったが、そのなかから大好きな俳優・佐藤健似を見つけた琴音は、写真に引き寄せられるようにしてホストクラブに入店していた。

あまりに大胆な行動、と思いきや、彼女にしてみたら、ちょっと佐藤健似に癒されたいくらいの感覚だったという。だが、お目当てのヤサ男の目的は、客をおだてて、ときには突き放しての、客にカネを使わせる色恋営業である。その巧妙かつ狡猾な口車に乗せられてしまい、翌日から琴音は風俗嬢へと転身したのだった。

「俺のエース（いちばんカネを使う客）は風俗やってて、風邪を引いても薬も買わず出勤して稼いで俺を応援してくれる、すごい子なんだ」と、エースだけを贔屓するかのような発言をヤサ男はしたといい、「なら私もやってやる」とホストクラブの秩序（お金を使った女性ほど接客が良くなる）に抗うべく、自ら進んでデリヘル嬢になったと琴音は熱っぽく語った。あとに詳しく記すが（171ページ参照）、そうして琴音は文字通り〝狂う〟＝常軌を逸するまでにホストにハマる「ホス狂い」になった。

一方で彼女は冷静な感覚も持ち合わせていた。男が単にカネ目当てであることを理解していたからである。「なぜハメられていると知りながら風俗嬢になったのか」と琴音に問う。一般的には非道な女衒行為に違いはなく、僕からしてもそう思うが、「おかげでホスト代を稼げるようになったからハッピーって感じ」と琴音は答える。自分が働くための動機としてホストという「使う場所」を利用したのだ。

そう、風俗をどん底にたとえ「落ちる」と言われがちだが、当時の琴音にはそのヤサ男が必要だったのである。ホストに貢ぐ生きがいを覚えた琴音は、「いまや感謝すらしている」とそのヤサ男に賛辞を贈る。自らのカラダを武器に稼ぐ術を学ばせてくれたと価値づける。僕にしてみたら、この価値観の逆転こそホストの営業に乗せられたように思えてならないのだが。

そして、別のホストには「カネを死ぬほどつぎ込んだ」ことをうっかりといった様子で口に出した。前述したとおり、琴音は未華子と知り合い街娼になった。だが、そこに至るまでのホストがらみの経緯があることが後々、わかってくるのだ。

最愛の担当が〝飛んだ〟琴音に残されたもの

２０１６年、大学を卒業してから2年後に、横浜からホストの総本山・歌舞伎町の有名ホストに入れ込んだ琴音は、東京・吉原の高級ソープ嬢になり月に１００万円以上を稼ぐようになると、わずか2年足らずで２０００万以上を使った不動のエースになっていく。５つ下の弟系ホストのもとに月2回だけ顔を出し、ときには１００万円もする高級シャンパンをおろした。前回のホストとは違い、今度は本気で恋していた。

しかし、「彼女は作らない」と明言してガチ恋する琴音に釘を刺す担当（ホスト）が振り向くわけもなく、それでも琴音は恋に盲目になり、担当の喜ぶ顔がみたいと通い続けた。彼女にとっては苦い思い出でもあるのか、話してくれるのはここまでで、続きを聞こうとするといつも話を逸らされた。

琴音がその担当との顛末を話してくれるまでには、出会いから半年が過ぎていた。ある日の昼下がり、彼女と会うときにいつも利用する歌舞伎町のうらぶれた喫茶店で、遠い目をしながら琴音は語り始めた。

「イベント月は必死で貯めたカネでクリスタル（※高級ブランデー・リシャール）を入れ、（シャンパン）タワーもした。私が親とうまくいってないことも理解してくれていて、安いラブホテルにいつも一緒に泊まってくれた。枕（※枕営業。セックスを指す）してくれたことは一度もない。けど、手を繋いで寝てくれる。

それだけで頑張れた。なんだってできた。担当は、私が病むたびに『俺のせいにして楽になって。全部俺のせいだよ。ごめんね』って慰めてくれた。

私は自分のカラダを他人と重ねて、お金を稼いで愛を表現してきたの。歪んでるかもしれないけれど、私にとっては最上級の愛情表現だった。一枚一枚の諭吉（1万円札）に私の犠牲が入っていて、その数字で愛を示していたの。

でも、担当は店を飛んだ。ひとり取り残されて、頑張る糧がなくなった私は、その捨てられた寂しさで過食嘔吐や買い物依存にもなった。もうこれ以上好きになれる男性なんて現れないと思う。私は担当がいたから生きられたの。だから、いまでもひとりになると泣きながら担当の名前を呼ぶことがあるよ。『琴音ちゃん、どうしたの？』って優しく抱きしめてくれる気がして」

言葉の端々から、琴音が担当だけを希望に生きてきた様子が十二分に伝わってきた。だが担当は、何も告げず琴音の前から消えたのである。琴音に残ったのは、誰のためともわからずカラダを売り続けることだけだった。

病んで薬を飲む量が増えると、琴音はご多分にもれず所属していたソープのシフトに穴をあけることが多くなった。かかる日々の生活費はそのまま、もはやソープに出勤する気力はない。宿代や食費にあてるカネを稼ぐ先は、普通の風俗店から手軽な出会い系アプリや出会いカフェでの売春に変わり、非合法の援デリへと変わり。

並行して裏引きするようにもなった。ちなみに裏引きとは、風俗店に在籍する女の子が、店を通さずに売春して客からカネを受け取る行為だ。

売春してその日暮らしを続ける日々。追いつめられた琴音は、ついに街娼へと足を踏み入れてしまったのである。その転機は「ホス狂い」――そして、狂う対象をも失った果てにあった。

西新宿の京プラにいるから遊びに来ない？

２０２２年の夏、僕は琴音からの誘いで歌舞伎町の大久保公園へ出向いた。現地で探したのは、琴音と街娼仲間の未華子だ。目的はふたりの尾行である。仕事ぶりを見せてあげると言われたのだ。

琴音と未華子が1メートルほど間隔をあけて路上に立った。と、先輩の未華子が先頭をきって初老の男に「遊ぶ？」と声をかけた。しばしの交渉ののち、ふたりは初老の男と３人で歩きだす。後を追うと、３人は近場のラブホへと向かう。もはや言うまでもなかろうが、ふたりは３Ｐ（３人でのプレイ）という特別感で買春客を釣っていた。

15分を待たずに琴音から連絡があり、いつもの喫茶店で合流した。聞けば、非力な女性であっても数的優位な状況を作れる3Pは他にも利点があり、過去にカネを払わずヤリ逃げした客がいたことからして、その防止策にもなるから始めたという。未華子からの提案だった。

それにしても、なぜここにいるのかと、雑然とした店内でタバコにライターで火をつけ、煙を緩やかに立ちのぼらせる琴音に尋ねた。よもやこの短時間でコトを済ませたわけではあるまい。

「『ホ込生外（ホテル代込みでナマで挿入、膣外射精）でイチゴー（1万5千円）』って言われたの。しかも外国人だったの。その金額だとひとり頭5千円にしかならないから、微妙だなってなりつつ行ったんだけど、自販機の前を通り過ぎようとしたら、今度は『ジュース買いたい』って言い出して。つまりホテルでゆっくりする気満々だから、ダルいね、みたいな感じになって、男がジュースを買ってる隙にふたりで逃げた」

外国人でもコンドーム着用せずのうえ短時間で済ませられるならたった5千円でセックスするのかと、少し驚きながら琴音の話を聞いて、この日は別れた。

尾行の前も、僕は取材と関係なく、琴音との交流を続けていた。ＬＩＮＥのやりとりはもちろん、呼ばれれば時間の許す限り赴いた。こちらの都合だけの付き合いで済ませるつもりはなかったのだ。

それが琴音のなかで、僕に対する信頼を生んだのだろうか。実家を見たいとお願いしたところ、あっさり住所を教えてくれた。現場で表札を確認すると、琴音の本名が記されていた。

それだけでなく、これまで受動的だった琴音も、この頃からＬＩＮＥで過去の担当ホストやシャンパンタワーをしたときの思い出写真を頼まずとも送ってくれるようになっていく。裏取りには充分である。

「外国人客を撒いて喫茶店でお茶したあと、どうしてたの？」

翌朝、僕は琴音とＬＩＮＥ通話で話していた。

「あのあと、私の常連さんから３Ｐの予約が入ったんだ。ひとり２・５（万円）ずつで、客の払いが５（万円）。で、ホ込だから２万３千円ゲットしたよ」

3Pで交渉成立しホテルに向かったが

少ないけれどまとまったカネが入った。琴音は続けた。

「予約が入ってお金が入るメドがたったから、客との待ち合わせ時間までの間に初回で小一時間だけホストに行った。で、ホテルに帰ってルームサービス食べた。そのあと、出張ホストも呼んだ」

「じゃあ、稼いだぶんよりマイナスだよね」

「うん。昨日、使いすぎちゃったから、もう財布に小銭しかない」

その日の稼ぎ2万3千円にして、この散財ぶり。謎である。他に何か収入源があるのかもしれない。だとしたら、その収入源とは何か――。

疑問はそのまましばらく沈黙を生んだが、僕にとっては好都合の結果になった。なぜなら、何かを察したのか、琴音のほうからこう切り出してきたからだ。

「ねえ、高木さん、いま歌舞伎町？　なら、私、西新宿の京プラ（京王プラザホテル）にいるから遊びに来ない？　朝食奢ってほしい」

京プラといえば、5つ星のシティホテルである。以前から琴音の日々の暮らしぶりを知っておきたかった僕は、二つ返事で了承し、琴音のもとへ急行した。話の信憑性がどれだけあるのかを見極めつつ、朝食というエサで恩を売る。これこそが、琴音の収支の全貌を浮かび上がらせるきっかけになると考えたからだ。

高層階の一室でチャイムを鳴らすと、上下ピンク色のパジャマを着た化粧っ気のない琴音が扉を開き、部屋のなかへと招いた。

まさに高級ホテル暮らしをしていた琴音は、在籍する風俗店で2時間後に指名予約が入っているらしく、出かける身支度を始めるところだった。15畳はありそうなダブルルームのそこかしこに洋服や化粧品、服用している薬などが置かれていたが、私物は大きめのキャリーバッグに収まるほどしかない。私物は「これで全部」で、滞在は「今日で10日目」。でも、一泊1万6千円の宿泊費を毎日、払い続けるのはさすがにキツい。そこで、新宿近辺に部屋を借りることも考えているという。

見えてきたのは、やはり売春以外にも何らかの手段でカネを得ているという状況だ。琴音のリクエストで持参したカップラーメンにお湯を注ぎ、割り箸とおにぎりを差し出す。温かい麺をすり琴音が笑みをこぼしてから、何気ない会話のあとに切り出した。

「妊娠した」と偽って、男性客からカネを騙し取る

――ところで、ねえ、前に演劇の公演に誘ってくれたじゃん。手口って言うと悪いイメージだけど、誘い方がうまいというか、知らず知らずのうちに『チケット買うよ』と言わされていた自分がいたわけよ。

「別に騙そうなんて思ってないんだよね。ただ、自分が頑張るから、好きな友達とかお世話になってる人には、ちょっと悪いけど本心から見てほしいと思って誘うんだよね。チケットバックもあるんだけど、お金が欲しいとかはない。演劇で得たお金は大切に取ってある。演劇でのお金は、普通のお金以上に大切なものだから」

――売春で得るカネとは違うわけだ。

「なに言ってんの。重みが違うよ」

――思ったんだけど、その会話術は裏引きとかにも生かされてるの？

「うん。私、詐欺師だからね」

琴音は、これはあまり言いたくない、といった様子で苦笑いした。だが、すぐにネタになるなら教えてあげたい、といった思いになってくれたようで、「けっこうゲスいよ。犯罪だよ」と前置きして明かした。

「妊娠したって言って、友達と客との3人で会う。そこで泣き落としする。男ってさあ、女ふたりで来られて泣かれると対処できないし、かつコッチは冷静でいられる。だからコッチは女ふたりがマストで、50～１００万もらって、その友達と折半する」

――でも、最初は向こうも信じないよね。

「別の友達がガチで妊娠してて、その子の検査薬を借りて私が妊娠したことにして。ま、そうして周到に用意はしているけど、実際に『検査薬見せろ』って言う人はいないんだよね」

――普通に払うんだ。

琴音はこの部屋に泊まっていた。
クローゼットには客受けしそうな洋服が

「うん。私、ウソ泣きが上手らしくみんな信じてた。詐欺する相手と会う場所はカラオケボックスが多いかな。『カラ館（全国展開するカラオケボックスチェーン・カラオケ館）』に歌を歌いに行ったことあんまない。カラ館でやって、喫茶店でカネわけて。そんな感じでふたりぐらいハシゴして、ひとり100万ぐらいずつ詐欺したことが何回かある」

――でも、そんなに現金を持ってない人もいるよね。

「銀行に下ろしに行かせる。預金残高がない場合はアコム（消費者金融）で借りさせる」

――そこまでやるんだ。どういう男を標的にするの？

「生でやった全員。ゴムつけていたとしても、『他に思い当たる人がいない』『Aさんだけとしかやってない』とか言って。狙いは出会いカフェの客。ほら、出会いカフェは身分証の提示を求められるでしょ。身分証があれば、アコムで簡単に借りられるから。

公園の客には詐欺しないよ。ほら、数多の風俗遊びを経験して、出会いカフェで買春を覚えて、最終的に連れ出し料やトーク料がないコスパのよさから公園を選んだやつらだから。『妊娠した』ってイチャモンつけても『あ、俺、カネないから』の一言で済むってわかっちゃってるから」

――失敗もある？

「失敗しないようにする。3万でも5万でも絶対に持って帰る。土下座とかも全然したね、カネくれるなら」

――かれこれ、いくら引っ張ったの？

「トータル2000万ぐらい。いま、毎月15万から20万もらってる人もいるよ。それが3年続いてる」

この行為には、最近流行りの「頂き女子」という言葉が当てはまる。ターゲットにする男性に対して、男性側に恋愛感情があることに乗じ、こちらも恋愛感情があるように振る舞い信頼関係を築いてから「生活に困窮している」などと言葉巧みに嘘をつき、多額のカネを騙し取る。広く知られた言葉に置き換えるのならば、若い女性版のロマンス詐欺だ。

「頂き女子」たちは、同じ詐欺を働く者同士で連携を取る。カモにする男性を紹介し合ったり、詐欺の道具を共有したりする。

その道具とは、妊娠検査薬を使い陽性反応が出たことを示す画像などだ。一度でも男性と性行為をしたのをいいことに、その画像をもって「妊娠した」と主張。男性からしても身に覚えがあるため無下にはできない。妊娠中絶費用名目で少なくないカネを騙し取るのである。

実際、琴音を含め200人以上が入会する「頂き女子」LINEグループのスレッドを見せてもらったことがある。そこでは「妊娠検査薬」画像だけではなく、嘘のストーリーで男性からカネを巻き上げた成功体験が綴られるなど詐欺の手口が共有されていた。一部の若い女性たちのなかで悪事が常態化する様が透ける――。

――3年払い続けてくれるのってどんな人?

「最初は出会いカフェの客。48歳独身で、仕事はSE。ハゲ散らかして、見た目はキモいけど、私と会うときはオシャレしてくるからカワイイなって」

――セックスはするの?

「最初は1回したけど、もうしてない。確か、性被害に遭ったことがあるからセックスが好きじゃないとか、出会った当初に言った気がするなぁ。もちろんウソだけど、向こうが私のことを好きだから、月に1回、会えばカラダの関係ナシでもお金をくれる。今月もふたりで『ココイチ（大手カレーライスチェーン・ＣｏＣｏ壱番屋）』でカレー食っただけで15万もらって帰った。でもクリスマスやバレンタインとか記念日には必ず会うよ。優しいでしょ」

「もう詐欺はやめなよ」

琴音との会話が終わったところで正したが、会話中は詐欺を咎めることはしなかった。批判もあろうが、琴音の告白をそのまま受け止めることが、僕が知りたい錬金術を紐解くことに他ならないからだ。

そして少し日を空けて、なぜ48歳・ＳＥの男はセックスなしで貢ぐのかと、またいつもの喫茶店で琴音と議論した。要は彼女も妻もいない、社会のなかではもちろん、キャバクラでも相手にされない、でもカネはある男だからである。

そこにきて、出会いは売春であっても琴音は相手にしてくれる。売春婦と買春客。上中下のカーストの、琴音も男も一般的には下に格付けされ、下は下同士で対人関係を構築するしか道はない。むろん、下同士であっても力関係は生じる。いや、舞台女優でもある琴音は上や中でも生きられる面があり、相手より優位に立ち回るために下まで降りてきているだけなのかもしれない。これが僕の見解である。

印象に残っているのは、琴音も僕に同調し、その上でさらに生々しく分析してみせたことだ。

「ホス狂いと一緒でさぁ、誰かのためにお金を使って頑張ってる自分が好きなんだよ。貢いでいるだけとわかっていても、私にお金を使うため切り詰めて生活してる自分が好きなんだよ。アイドルに走る男も多いよね。でも、大衆のなかのひとりじゃなくて、自分だけが独占したいんだと思う。だから、お金はもらうし、セックスもしないけど、できるかぎり疑似恋愛してあげてる」

男をホス狂いだった過去の自分に重ね、偽りの愛情を注ぐという琴音の姿は、担当との蜜月時代そのものに見えた。

知り合いに「死にたい」と一方的に送りつける〝病みLINE〟

２０２２年の年の瀬、琴音と過ごした1年間の締めとして、琴音が舞台女優として出演する小劇団の夜公演の前に、僕と琴音はふたりでいつもの喫茶店でランチをすることになった。僕はホットコーヒーとポークカレーのセット、琴音はアイスティーと生姜焼きのセットを注文した。

琴音が舞台への意気込みを語るなか、「よろしいですか」と一言断り、女性店員が付け合わせの生野菜だけを残して空いた琴音の皿を下げる。琴音は今日も大きめにカットされた豚肉を上手に切り分け、淀みなく口に運んでいた。が、いつも野菜だけ食べていないことにハタと気づく。これまで見てきた育ちのよさとは隔たりがある生野菜の食べ残しに関心をもっていた僕に、琴音はこちらの内心を見透かしたかのように言った。

「実は野菜があまり得意じゃなくて。東電ＯＬ殺人事件の被害者の女の人も、コンビニで少しの具に大量のつゆのおでんを買うって描写があったじゃん。だから売春してる子って、食事に対して変なこだわりがある子が多いと思う」

東電ＯＬとは、１９９７年３月９日未明に、東京電力の女性社員が東京・渋谷区円山町にあるアパートで何者かに殺害された未解決事件である。殺されたのが大企業で働く高学歴のエリート社員であったこともさることながら、夜は街娼として不特定多数の相手との性行為を繰りしていた二面性が明らかになると、誰しも驚いたものだ。

その年齢からして、琴音が25年前の事件を知っていたことに驚きを隠せなかった。琴音は風俗で働くようになってから、ノンフィクション好きの父親の本棚から事件の真相を追った単行本『東電ＯＬ殺人事件』（佐野眞一・新潮社）を拝借して、興味を持って読んだと明かした。そして「まさか娘が同じ仕事してるなんてね」と、はにかんだ。琴音と東電ＯＬを比較すれば、いくつか類似点がある。どこか憧れがあったりしてねと話すと、琴音はうなずいた。

「私もそこそのレベルの大卒じゃないですか。同級生はテレビ局に就職して、アナウンサーやプロデューサーをしてる。でも、私は……。そんな落ちこぼれ感があるから、たぶん、エリートでこういう仕事している人に惹かれるんだと思う。普通にそのレールに乗ってれば、いまごろ人が羨む仕事に就いていたんだろうなって」

東電ＯＬの最後は、言うまでもなく死だ。のちに冤罪と認められたが、ネパール人男性が犯人として逮捕され、そのネパール人男性は東電ＯＬを買春した客のひとりだとされている。

東電ＯＬのように街娼している自分が、このまま売春や詐欺を続ければどうなるか。僕は恐怖を抱いているはずだと思い、事実として死と隣り合わせだだよねと、琴音に言った。琴音はそれを自覚しているようで、覚悟をもって立ち居振る舞っていた。

「私は危機感があるほうなので、絶対に立たないと思ってた。でも、せっぱ詰まって、気づいたらやっちゃってた。殺されそうになったら、逃げる。最初はカッターナイフや防犯ブザーを持ってた。殺されそうになったら、逆に殺してやろうって。でもね、いまは殺されてもいいやぐらいの気持ちでやってますよ」

街娼になってすぐ、新型コロナの猛威がやってきて、琴音はソープやデリヘルで思うように稼げなくなっていた。それでも琴音はなんら気にしていなかったと振り返る。理由は状況の変

売春で稼いだお金はホストクラブで一気に使う。
担当のためにシャンパンタワーをやって
この日の会計は150万円を超えた

化である。コロナ禍になり仕事からあぶれたキャバ嬢や風俗嬢が公園に立つようになった。風が吹けば桶屋が儲かるとはよく言ったもので、売春を供給する女性が増えると、また買春客も増えた。需要があるならばと、それに乗じて街娼に専念したのである。現実の世界が、いつどうなるかわからない寄るべなさのなか、公園だけが琴音にとって安全な避難場所となっていったに違いない。

琴音は、かつて「生きる糧」とまで言い切り生活のすべてを捧げた男には到底及ばないが、新しい担当ができたことも明かした。また年下のヤサ男である。いまはその担当と舞台とで頑張れるのだという。

だが、現実はそんなに簡単ではない。調子にのって60万もの売り掛けをつくってしまったこと、買い物をしすぎて１５０万もカードローンの返済があることで、迫る月末の支払日にあわせて金策に走る毎日らしい。心もカラダも疲弊する。さらに、稼げることを知った二十歳そこその若い世代が公園に大挙したことで、状況は悪化した。やはり借金から逃げてまでも生活を維持して舞台を続けることが大切であり、普通の仕事では追いつかないことからして、いっそ、自己破産して売り掛けも払わず飛ぶか、また詐欺をすることを考えているという。僕からすれば、自己破産はまだしも飛んだり詐欺してなどもってのほかとなるが、本人にその意識はない。

「この前ね、未華子と話をしてるなかで、『カネしか見てない担当うぜえよね。マジ死にたいね』ってなった。うん、死ねば借金はチャラだからね。で、琴音が死ぬときは、『未華子も一緒に手を繋いで飛び降りるからね』って言ってくれて、嬉しかった」

琴音ははじめて死――つまり、これからの自分について具体的に口にした。

「私、よく知り合いに病みLINEするの」

病みLINEとは、感情の浮き沈みが激しく心が不安定な状態のメンヘラ女子が一方的にLINEで送りつけてくる、理解し難い構文のことである。「死にたい」と連投したり、思うがままに心理を長々と綴ったりと、その頻度の多さと長文が特徴だ。

「そのなかで、ガチで死のうとしているときがあるの。で、アパホテルの屋上から飛び降りたら親にけっこうなカネの請求がいくんですかね？　って聞いたら、『やめてください』って返ってきた。そこに『絶対に』とかはついてなかった。でも、悲しむ人がいるうちに死ぬんだよ。いなくなったら意味ないよ。で、みんなたいして心配もしてないクセに、死んだら厚かましく悲しむんでしょ？」

「うん」とも、「いや違うよ」とも言えない僕を見透かすように、「だからまだ死ねない」と琴音は凛とした声で言った。「生きる」ではなくて、「まだ死ねない」。それを琴音なりの矜持と呼んでもいいだろう。舞台を終えた明日からもたぶん、琴音は路上に立つ。観客席の最後部でこれまで過ごした1年間を思いながら僕はいま、まばゆいばかりに輝く琴音の晴れ姿を見ている。

第2章

二度の逮捕歴がある女

未華子（32歳）

琴音の密着を続けるなか、「立ちんぼ仲間を紹介してほしい」という僕からの打診に対して、琴音は未華子を紹介すると言ってＬＩＮＥで繋げてくれた。前述のとおり、未華子は琴音が街娼になる足がかりになった先輩で、歴は琴音より1年長い――つまり、もう4年以上も街娼で暮らしていることになる。

ほどなく取材の約束を取りつけ、琴音の取材を重ねていた馴染みの喫茶店で初めて未華子と対面したのは、２０２２年の初夏だった。琴音からは、「平気でクロックスのサンダルで出歩くような子」と聞いていた。その前情報からして当初、未華子に対してレディースサウナを根城にその日暮らしをするような女性像を描いていた僕は、未華子を見て軽く衝撃を受けた。目鼻立ちがくっきりした顔立ちも、頑張りすぎず清潔感ある身なりも、いまはレディースサウナ暮らしではなく西新宿の単身用マンションで部屋を借りてひとり暮らしをしていると話したことも、すべてが驚きだった。

生活に金銭的な余裕が感じられることからして、未華子も琴音のように犯罪に手を染めているのでは。いまも詐欺で稼いでいるのでは。それは杞憂で、過去には琴音と一緒に妊娠詐欺をしたこともあったが、「いまは立ちんぼ一本でやってる」と話す未華子に、やはり街娼はそんなに稼げるものかとまたもや驚かされた。

その言葉に嘘はなかった。未華子は、「私の場合は自分から客に声をかけるから稼げてるんですよ」と話すのである。

ここで、能動的な未華子のこの行為を、少しだけ法に照らしてみたい。

1957年に施行された売春防止法は、文字通り売春そのものを禁止する法律だが、女性が売春をしたり男性がその客となっただけでは処罰はない。売春する女性は、売春せざるをえない状況に追い込まれた社会的弱者としてとらえる考え方のほか、自由恋愛を建前にされると、売春行為の立証が困難であるからだ。

ところが、未華子が自ら声かけすることは、処罰対象になる行為の一つ——公衆の目に触れるような方法による「売春勧誘」（5条）で禁止する顕著な例である。

逮捕のリスクが高まることは知っているとしつつも、むしろ、「他の子がやらないから稼げるの」と未華子は語る。「未華子と3P」という、これを裏付ける琴音の証言は前述したが、聞いたのは未華子に取材したあとのことで、このとき、まさか客待ちするだけではなく自分から買春客に声かけまでしているとは思っていなかった。

「値段は1から1万5千円。もちろん本番です。雨が降っていなければほぼ毎日。夕方に出勤して、遅ければ深夜3時ごろまでいたりしますね。1・2本（人）だけ行ってすぐ帰っちゃう日もあれば、5・6本つくまで頑張る日もある、って感じです」

未華子はなにげなく「出勤」と言った。路上に立つことは「仕事」という口ぶりで、懸念はみじんも語られない。逮捕もいとわない強い覚悟を下敷きに、どこか達観すらしているようだ。リスクがあり、それがわかっていても、なぜ未華子は勧誘行為までして街娼を続けるのか。

未華子は詳しく教えてほしいと食い下がる僕に、逮捕が平気なのは、過去に二度もパクられたことがあるけれど、いずれも「罰則はなかったから」だと語った。それに、私にはコレしかないから「罰則があってもやりますよ」と前置きして、未華子はその顛末について語りだした。

イチゴーの約束でホテルに行ったら「はい、警察です」

未華子が街娼になったのは、コロナ禍になる約1年半前の2018年夏のことだ。きっかけはありがちで、出会いカフェで知り合った売春仲間から「公園が稼げるよ」と聞いたからである。

そのころ出会いカフェでの売春を繰り返していた未華子は、客待ちするだけではなく、自ら声をかければ出会いカフェのようにマジックミラー越しに見定められ、選ばれてトークルームに移動して値段の交渉をして、という段階を公園なら踏まなくていいと考えた。

その回転率のよさから「何の迷いもなく公園に立つようになった」という。多い月で100万円、平《なら》すと月に50万円ほどの実入りがあるというが、歴4年の街娼生活のなかで2021年の3月と5月に2回、未華子は逮捕されていた。

――1回目はどういう感じで捕まったの?

「夕方ごろ、ひとりで立ってたら男性に声をかけられた。普通の見た目の人です。で、イチゴー（1万5千円）でって値段の交渉してホテルに行ったんですよ。そしたらホテルの前で『はい、警察です』、みたいな」

――もちろん制服じゃなくて私服だよね。捜査員ってわからなかったの？

「全然わかんなくて、ホテルの入り口入る直前で『警察です』って言われて。すぐにパトカーじゃなくワゴン車が来て、乗せられて目黒署に連れてかれた感じですね」

――2回目は？

「別のホテルでしたけど、ほとんど同じ感じです。今度は八王子署でした。実は男性に話しかけられる前からひとり、気になる女性が近くにいたんですよね。交渉を終えて男性とホテルへ向かったら、あとからその女性もついてきた。気づいてはいたんですけど、普通のギャルっぽい感じの女性だったから、同業さんだと思い、まあ、気にすることないか、と。そしたら男性は私服警官で、その女性も私服の婦人警官だったっていうオチです」

未華子の2回の逮捕は、いずれも大久保公園での路上売春による売春防止法違反だったが、

「目黒署と八王子署の捜査員だった」と語っている。現場が新宿区内の大久保公園であるならば、普通は新宿署や四谷署の捜査員となるはずなのに、なぜ遠方から駆けつけての逮捕となったのか。誰もが思うであろうこの疑問については知人の捜査関係者が「街娼の摘発は、いずれも警視庁本部の生活安全部保安課が取り仕切るから」だと解説してくれた。

「生活安全部保安課が売春防止法関連の事件の内偵捜査をするときは、所轄の生活安全課保安係と組みます。目黒、八王子と一見、現場の新宿と関係なく思えますが、例えば元締めなどの立件に必須の首魁クラスの事件関係者のヤサ（自宅）がそれぞれにあった、と。その所轄の捜査員が駆り出される意味があるのです。

ちなみに売春関係では、元締めやケツ持ちの暴力団が必ずいます。暴力団が絡む場合は、本部も生活安全部ではなく、組織犯罪対策部が主管し、本部の暴力団対策課（旧・ソタイ4課）が仕切り、関係者のヤサの所轄の暴力団対策係が動くという流れです」

つまりみかじめ料を徴収している、あるいは過去に徴収していた者のヤサが目黒と八王子にあったというだけで、何らおかしいことではないようだ。

――罪状や取り調べの様子は？

「2回とも売春防止法違反で、同じ取り調べ内容です。なんか客待ちで立ってるだけでも違反らしいんですよ。まず生い立ちから聞かれました。で、いままでいくら稼いだか、単価はいくらか、そのお金は何に使っていたか、これから生活はどうしていくのかと聞かれ、すべて正直に話して調書にもサインしました。で、留置場には入れられたけど、2回とも不起訴で、1回目は3日、2回目は2日で出てきました。私、ペットを飼ってるんですよ。で、検事さんの前で、『私はどうなってもいいから犬だけは……』って大泣きしたら、すぐ帰してくれました。普通は10日間ですよね。でも10日もペットを放置したら死んじゃうじゃないですか。それを考慮してくれたと思うんですよね。だから、2回目も同じ手口ですぐに出してもらいました」

売春する女性の保護更生を目的に制定された売春防止法は、刑の執行を猶予するときに「補導処分」に付することができるとし、「婦人補導院」に収容し、更生のための必要な補導を行うと規定している。

婦人補導院とは、補導処分に付された「満20歳以上の女子」が収容される国立の施設で、6ヶ月の間、更生のための必要な補導を行うと規定している。しかし婦人補導院があるのは、全国で東京・昭島市の東京婦人補導院だけで、2010年以降の収容者数はわずか4人にとどまる。つまり未華子の顛末は、逮捕されてもほとんど起訴されないことが背景にある。ちなみに、この東京婦人補導院は、2024年4月に施行される「困難女性支援法」に伴い廃止される見込みで、これまでのように売春する女性を保護し更生させるのではなく、福祉の増進を図るよう方向転換されるようだ。


――検察官は、いわばお目溢《めこぼ》ししてくれたんだよね。それでもやめようとは思わなかったんだ。

「反省してないからいまも公園で生きているんですよ」

――なぜ反省しないの？

「だって仕事だから」

――公園の子たちって、みんな仕事って思っているのかな。

「ひと通り風俗を経験して、たぶん、公園がいちばん割のいい仕事だと思ってるんじゃないですかね」

公園で生きる。そして「仕事だから」とまで言い切る。未華子にあるのはやはり、強い覚悟だ。その裏にあった原体験――それは母親への強い憎しみであることがのちに浮かんできた。

児童自立支援施設に入所した3日目、女友達と脱走

未華子は1991年、静岡県内のベッドタウンで生まれ、その街で育った。自動車メーカーの営業マンをしていた父親は、のちに借金がかさみ自己破産するほどのギャンブル狂だった。

「家庭にわずかしかカネを入れない」と、よく母親は愚痴っていた。

かたや化粧品会社の事務員をしていた共働き妻の母親は教育熱心な人で、「お兄ちゃんが優

秀なのに、アンタときたら」と未華子に辛くあたっていた。運動会など学校の行事には参加してくれるが、「頑張ったね」などの労いの言葉は一切ない。未華子は問題児ではないものの、デキのよかった年子の兄と学校の成績を比べてプレッシャーをかけられる毎日だったのである。ちなみに両親は喧嘩が絶えなかった。関係は完全に冷え切っていたと理解していい。

未華子がグレたのは、中1の夏だった。兄と比較されることも、母親から聞かされる父親の愚痴も、喧嘩ばかりする両親の不仲も、本人曰く「すべてが嫌」になった。そして着の身着のまま家出をして親友・明日香の実家に棲みつくようになる。早くに離婚して水商売で生計をたてていた明日香の母親は、家を空けることが多く、生活力のない未華子がかくまってもらうには格好の場所だった。

むろん、中学生を雇ってくれるバイト先などない。遊ぶカネはどうしよう。食べるものはどうしよう。悩んだ末、未華子はテレクラで男を捕まえて友達と一緒に売春するようになった。エロ雑誌の背表紙にあった広告を見せて「ここに電話すれば」とテレクラ売春を教えてくれた地元の先輩とは、以前から付き合いがあり、家出先に選んだ明日香の姉だった。ツールは、中学校入学のお祝いに父親が契約してくれたケータイ電話である。未華子も友達も、それまでセックス経験はなし。13歳の処女は10万円で売れた。ふたりして別々の男を捕まえ、カラダを売って日銭を稼ぐ日々だった。

数ヶ月後、未華子は両親が離婚することを家出したまま知ることになった。いったん実家に戻り、家族会議の末、未華子の親権は母親に。教育熱心だった母。振り返ればそれは、愛情の裏返しだったのかもしれない。未華子はこのとき、まだどこか母親からの愛情を欲していたようで、母親側につくことを自ら決めたのである。

やっぱり母が好きだ。それをわかってほしい。テレクラ売春をしていることを気づいてほしくてアルバローザやココルルなどのギャル系ブランド服で着飾り、見た目を派手にした。リストカットもした。なのに、一向に向き合ってくれない。だから、いまさらどう伝えれば——。

未華子が出した答えは、また家出をすることだった。が、母親が未華子を咎めることはついになかったのである。そして未華子は母へ憎しみを向け始めるのだ。

それを決定づける日が、中1の冬にやってくる。

未華子は原付バイクを盗んだ。ほどなく警察にバレてしまい、警察署に連行される。流れで静岡市内の一時保護所に移動になり、そこで母親が来るまで2週間ほど過ごした。

身元を引き受けるはずの母親がとった行動は、児童自立支援施設（旧・教護院）に預けることだった。母親は、いざというときにも助けてくれない。未華子は捨てられたと悟ったのである。

類は友を呼ぶとはよく言ったもので、自暴自棄になるなかひとりの悪友ができた。同じく窃盗で先に入所していた美咲である。同い年だったこともあり、入所初日から不満をぶつけ合うようになった。ケータイ電話が使えない。自由になるカネもない。口をつくのは現状を打破するためにはどうすれば、といった諦めに似た愚痴ばかりである。

その美咲が、入所3日目の夕食後、鬼気迫る様子で唐突に言った。

「私の実家は施設から近い。帰ればお金があるよ」

その夜、未華子は美咲とふたりして児童自立支援施設を脱走した。そのまま美咲の実家に忍び込み、逃げるだけのカネも美咲が親の財布からくすねたなかから分け前としてもらうことができた。さてどうするか。実家に戻ったところで、また児童自立支援施設に戻されるだけだろう。未華子にはもう、憎き母親と決別して生きることしか頭になかった。自由になりたかった。

ひとつだけ問題があった。たった３日ほどしか世話にはなっていないが、このまま出会ったばかりの美咲と一緒に居続けることは、やはり居心地が悪いということだ。

そこで以前につるんでいた親友・明日香に連絡すると、「また家に来なよ」と快く受け入れてくれた。やはり頼りにするのは気心が知れた地元のツレだ。

未華子が「地元の友達に会いに行く」と言うと、「私も行きたい」と美咲から言われた。が、すでに移転先を決めていた未華子からしてみたら、美咲はもう邪魔者でしかなかった。

なら、どうすれば。そうだ、撒いてしまおう。お金がない私たちのために明日香がテレクラ売春のアポを取ってくれていることにして、美咲が客待ちをしている間に私だけ逃げてしまえばいいのだ――未華子が当時の記憶を辿る。

「で、静岡駅で明日香と合流しました。美咲はそのまま置き去りにして、私は明日香の実家に。美咲にケータイ番号と服装の特徴を書いたメモ書きを渡し、『10分後に３万円で買ってくれるおじさんが来るからここで待ってて』と嘘をついて」

——じゃあ、それからずっと家には帰ってない？

「まあ、たまには帰りましたけど、ほとんどは明日香の家を拠点に、エンコーで生活費を稼ぐ毎日です」

——明日香の母親は何も言わなかったの？　普通は家出の子を長期間、泊めるなんてあり得ないと思うんだけど。

「それが、何も」

——そんなに実家が嫌？　実家には私物や思い出の品があるわけじゃん。

「別に思い出の品なんてありません。家族写真とかもないですし。撮ったことがあるのかもしれないけど、見たことがあるのは赤ちゃんのころの写真ぐらいで、私は1回も見てないです。必要だと思った私物も、最初の家出のときに持ち出した化粧品とバッグだけですね」

——家族旅行の思い出とかもないの？

「小4まで毎年、家族4人で夏休みにディズニーランド行ってました。でも、全く楽しくなかったです」

――なぜ楽しくなかったの？

「父も母も兄も、みんな好きじゃないからです。だから、早くこの家から抜け出したいと、幼いころからずっと考えていました。虐待とかはなかったけど、家にいるのが息苦しかったから」

――何が息苦しかった？

「やっぱり親の不仲ですかね。ずっと喧嘩を見せられていましたから。で、そのとばっちりがいつ来るのかと、いつも怯えていました。だから家出してエンコーをするのも、迷いはありませんでした。周りもみんなやってたし。それに、自由が得られるから楽しい、というか」

トー横キッズは中高生から歌舞伎町で売春ができて羨ましい

僕は10代前半から売春で生きる未華子とトー横キッズを重ねて「気持ちがわかるんじゃない？」と投げかけてみた。瞬時に頷き「わかりますね。しかも」と言葉を続けた未華子の思いを記す前に、少し説明が必要だろう。

トー横キッズとは、東京・新宿歌舞伎町の中心部にある、ゴジラのハリボテで有名な『新宿東宝ビル（新宿コマ劇場跡地）』西側のシネシティ広場でたむろする10代の若者たちのことだ。全身黒ずくめの服装と、泣きはらしたような赤い目元や血色感の無い肌で、病弱で精神が病んでいることを主張するタイプが多い。コロナ禍前、ＳＮＳを通じて交流していた少女たちの一部がオフ会をする待ち合わせ場所としてトー横を使い始めた。少女らが歌舞伎町から自撮りを発信すると、裾野が広がり多くの若者たちが集まるようになった。これがトー横キッズの始まりである。

取材すると、みな複雑な家庭環境や交友関係からくる〝生きづらさ〟を抱えていることがわかった。境遇は様々だが、このコミュニティにあるのはステレオタイプな社会のレールから弾かれてしまった者同士ならではの、ぬめっとした連帯感だ。大人たちに誘われ援助交際に手を染める少女も少なくない。

未華子は言う。

「私からすれば、中高生から歌舞伎町で売春できて羨ましい、って感じです。私なんて田舎じゃないですか。トー横にいたら、客も多いし高値で買ってもらえるじゃないですか。もう、いるだけで客が声をかけてきてくれる。わざわざテレクラ売春とかしなくていいわけだから」

トー横キッズをめぐっては、界隈のコンビニやドラッグストアでの万引き行為も指摘されている。手癖が悪くなることも、売春くらいしか稼ぐ術のない少女たちからすれば当然のことに思えた。その点を未華子に問うとこんな答えが返ってきた。

「私も数えきれないほど万引きしました。おにぎり、化粧品、財布、ポーチ。コンビニやマツキヨで盗んで、小5から中2ぐらいまでの期間で50回以上は警察のお世話になっています。でも、少年院には一度も行ってません。明日香のお姉ちゃんに教えてもらい、14歳未満なら少年法に守られることを知っててやっていたんです」

いみじくも未華子が語ったように、未華子が万引きを繰り返していた2003年当時は少年法が改正される前で、14歳未満が罰せられる状況にない。非行少年に対する保護処分について定める少年法の対象年齢が、「14歳以上」から「おおむね12歳以上」に改正されたのは、

2007年のことだ。そしてトー横キッズがそうであるように、悪事や抜け道を教わるのは、やはり身をおくコミュニティなのである。未華子は続ける。

「先輩から後輩へと、どんどん情報が下がってくるんだよね。別にヤクザとかではなくて、普通のヤンキーというか、半グレというか」

ひとたび誰かが非行に走れば、右に倣えと感染する。クスリの味も覚える。2023年2月には、塩野義製薬から出ている咳止め薬『メジコン』を大量摂取する〝危険な遊び〟がトー横キッズのなかで流行しているという報告もあった。

しかし、遊びで済むならまだいいほうだ。2023年5月17日には、トー横キッズの男子高校生に殴る蹴るの暴行を加え、車のトランクに監禁し、さらにその男子高校生の母親を脅して身代金20万円を受け取ったなどとして指定暴力団組員のS容疑者（当時36歳）、自称〝トー横キッズのまとめ役〟T容疑者（当時38歳）ら4人が逮捕される事件が起きた。事件に発展した契機は、大麻や覚醒剤などの売上金などを巡るものだった。S容疑者から違法薬物の売買を頼まれた男子高校生は、以前からS容疑者経由で仕入れた大麻と覚醒剤を他のキッズに頼んで売り捌いていた。だが今回は、売上金をそのキッズが使い込み、男子高校生はＳ容疑者にカネを払えずトラブルになってしまったようだ。

実は前日の５月16日、17歳の少女にわいせつな行為をしたとして、界隈では「トー横四天王」と呼ばれていたＹ容疑者（当時22歳）が逮捕されていた。裏にはＴ容疑者の存在があり、Ｔ容疑者は、Ｙ容疑者を使ってトー横キッズの少女に立ちんぼをさせたり、少女らをクスリ漬けにしてホテルで性行為に及ぶこともあったという。Ｔ容疑者が上前をはねていたかどうかまでは窺い知れないが、僕の取材では、Ｙ容疑者は少女らからみかじめ料を徴収していたという報告もある。

時間を戻そう。

未華子もまた、周囲に流されるようにしてクスリに手を出していた。中１で試した脱法ドラッグを皮切りにマリファナ、シャブ、コカイン――。未華子は売春であれ、万引きであれ、クスリであれ、どれも当時の私にとっては必要であり、いま大きく俯瞰してみても「後悔はない」という。

クスリに溺れ、ロクに義務教育も受けぬまま17歳になった未華子はその後、東京・巣鴨の援デリで働くのだが、これもテレクラ売春を教わった明日香の姉の影響だった。

援デリとは、援助交際デリヘルの略称である。「打ち子」と呼ばれる男性スタッフが出会い系アプリで女性に代わって客を募り売春の交渉をする、個人売春を装った非合法風俗だ。

明日香の姉が新宿歌舞伎町に部屋を借りた数ヶ月後、明日香と未華子も後を追うようにして上京し、一緒に3人で住むことになった。家賃も納めず世話になることに引け目を感じるなか、明日香の姉に「実は援デリで働いてるんだよね」と打ち明けられる。売春経験があったふたりに抵抗はなく、なら私たちもやろうとなった。

援デリの単価は1本3万円だった。うち2万円が未華子たちの取り分だ。実入りはよく、理不尽な恐怖に晒されることもない。17歳の少女が働ける風俗店はモグリの援デリぐらいで、限られた選択肢に違いはなかったが、結果として3年間も続けるほど居心地はよかった。

20歳。ソープランドで働ける年齢になり、面接を受けると即採用で、川崎の大衆店（総額3

万円前後の中価格帯店）で働くことになった。風俗店には新人特需という言葉がある。初々しさと物珍しさとが相まって、在籍してから数ヶ月は「黙っていても客が付く」ということだ。ただ、そこから先は努力が物を言い、容姿やスキルを磨かねば誰でも稼げる業界ではない。ところ変われば品変わる。そこで風俗嬢たちは新人特需を求めて店を転々とする。

未華子もまた、吉原や新宿のソープランドを転々とした。客単価６万円以上の高級店に在籍して月に２００万円以上稼いでいたこともあるそうだ。

それから７年。生活するだけなら十分な実入りはあったが、あるホストに入れ込むようになるとソープの稼ぎだけでは追いつかなくなった。自然、空いた時間を使って出会いカフェで売春もするようになる。ホスト通いはやめられなかったのだろうか。それほどまでに風俗はストレスを溜め込む仕事ということであり、また、店にマージンを取られることがない出会いカフェでの売春はソープ以上に稼げるということか。

結局、未華子は在籍していた新宿のソープランドをフェードアウトするように辞めて出会いカフェに入り浸るようになった。そして出会いカフェで知り合った売春仲間から「公園が稼げる」という話を聞きつけると、当時28歳だった未華子は流されるまま路上に立つようになり、いまに至る。

未華子はソープランド勤務や出会いカフェでの売春から公園に移行した理由に、琴音と同じく「気楽さ」をあげている。

「自由出勤だし、客も選べるし。で、途中でムカついたら帰ってもいいし、逆ギレしてもいいし、暴言吐いてもいい」

未華子から聞かれたこの発言は、僕からすれば自由と自分勝手をはき違えていると言えなくもない。そして売春が違法である以上、警察による摘発によって自由は簡単に奪われてしまうはずである。

だが過去に2回逮捕された未華子がそうであったように、現行法は売春の罰則規定がない。だから大久保公園に集う街娼たちはいまも路上に立ち続けられているというのが、この局地的なコミュニティの現実だ。

ホスト遊びの次はインカジにハマり闇金で借金

最初のインタビューから５日後、僕は了承を得て、教えられた住所を地図アプリに入れて西新宿の未華子の自宅へ出向いた。現地で見たのは、まだ築年数の浅いスタイリッシュな単身用マンションである。間取りは１Ｋ、風呂とトイレは別。未華子はここで小型犬と一緒にひとり暮らしをしていた。

化粧っ気のない未華子が、部屋着のまま出迎えた。狙いはインタビューの続きはもちろん、未華子の暮らしぶりを知ることである。「私、出不精だから来てくれたほうがありがたい」という、未華子からの提案だった。

未華子は家賃10万８千円のここに、常連客から敷金・礼金、保証会社などの初期費用の提供を受けて、かれこれ１年半ほど住んでいるという。不思議に思われるかもしれないが、関係性を深めるため、買春客のなかにはこうしたカネをポンと出す人もいるのだ。では、17歳で明日香の姉の家に転がり込んでからの住居の変遷はどうか。そんな質問を投げかけた。

「20歳になり川崎のソープで働くようになってからは、明日香の姉の家を出て歌舞伎町の1Kのマンション（家賃11万3千円）に住むようになりました。8年間ぐらい住んでたのかな、その後、担当（ホスト）と付き合うことになり、担当のマンションに転がり込む形で2年半くらい同棲した。でも喧嘩して追い出されて、歌舞伎町のレディースサウナとリブマックス（ビジネスホテル）を行ったり来たりする日々を4ヶ月くらい続けていた。琴音とはそのとき知り合ったんです」

結果、公園に立つようになってから裏引きも覚えた。ソープ勤務時代の客や出会いカフェの客からアレコレ理由をつけて生活費を振り込んでもらう。公園の客からは、男がシャワーを浴びている隙に財布からカネを盗んで逃げることもあった。琴音と組んで「妊娠詐欺」もする（49ページ参照）。買春客と売春嬢――売春防止法違反を問われかねないという、お互い他人には言えない秘密を共有しあっているからなのか、すっかり詐欺や窃盗の生態系が完成してしまっているようだ。

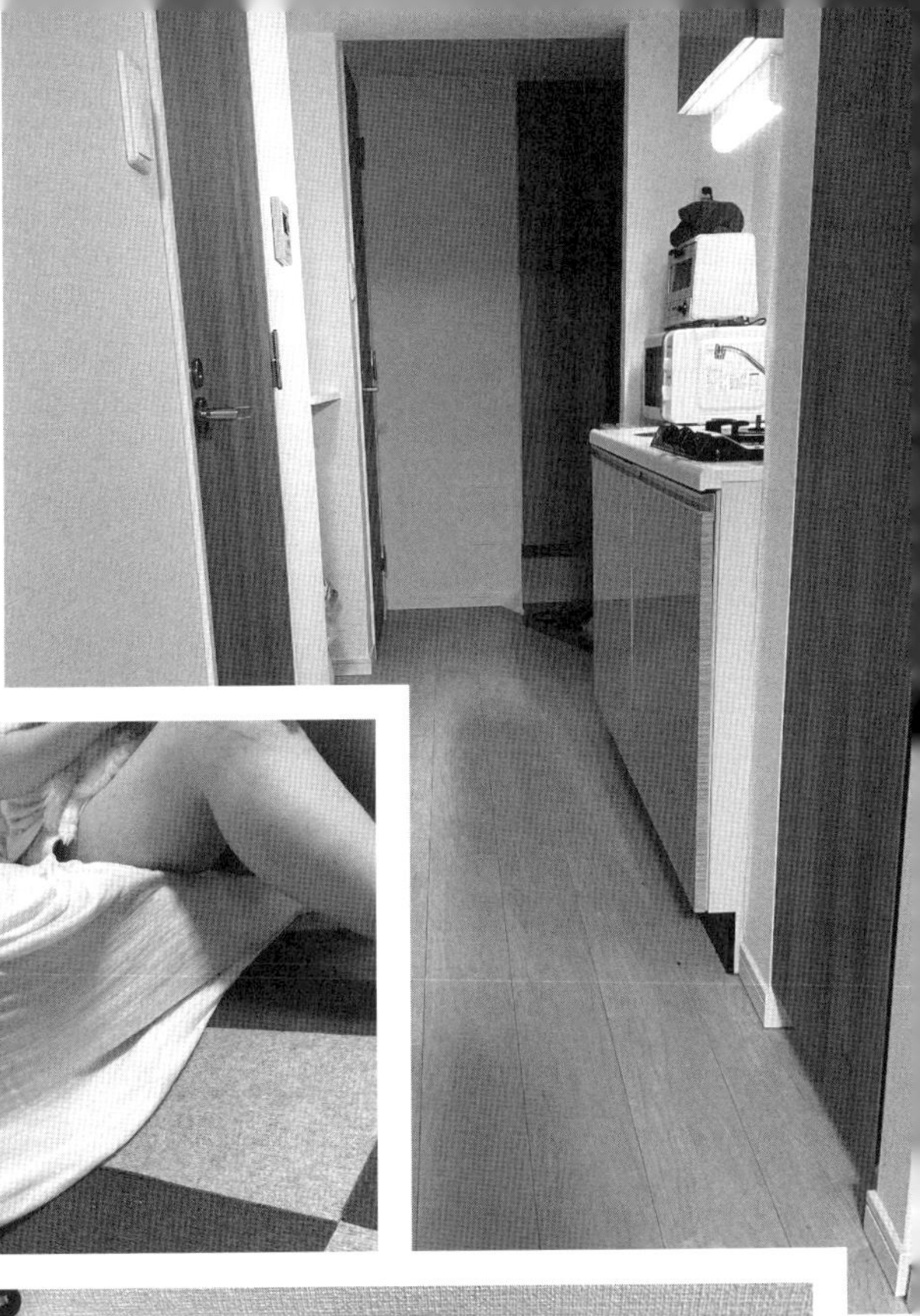

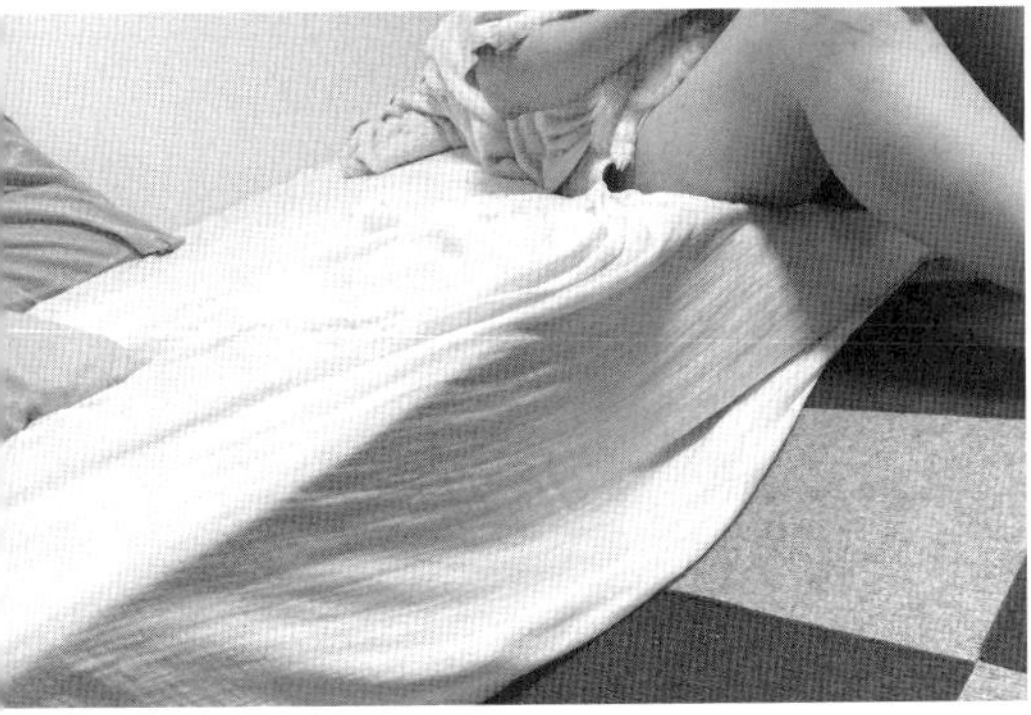

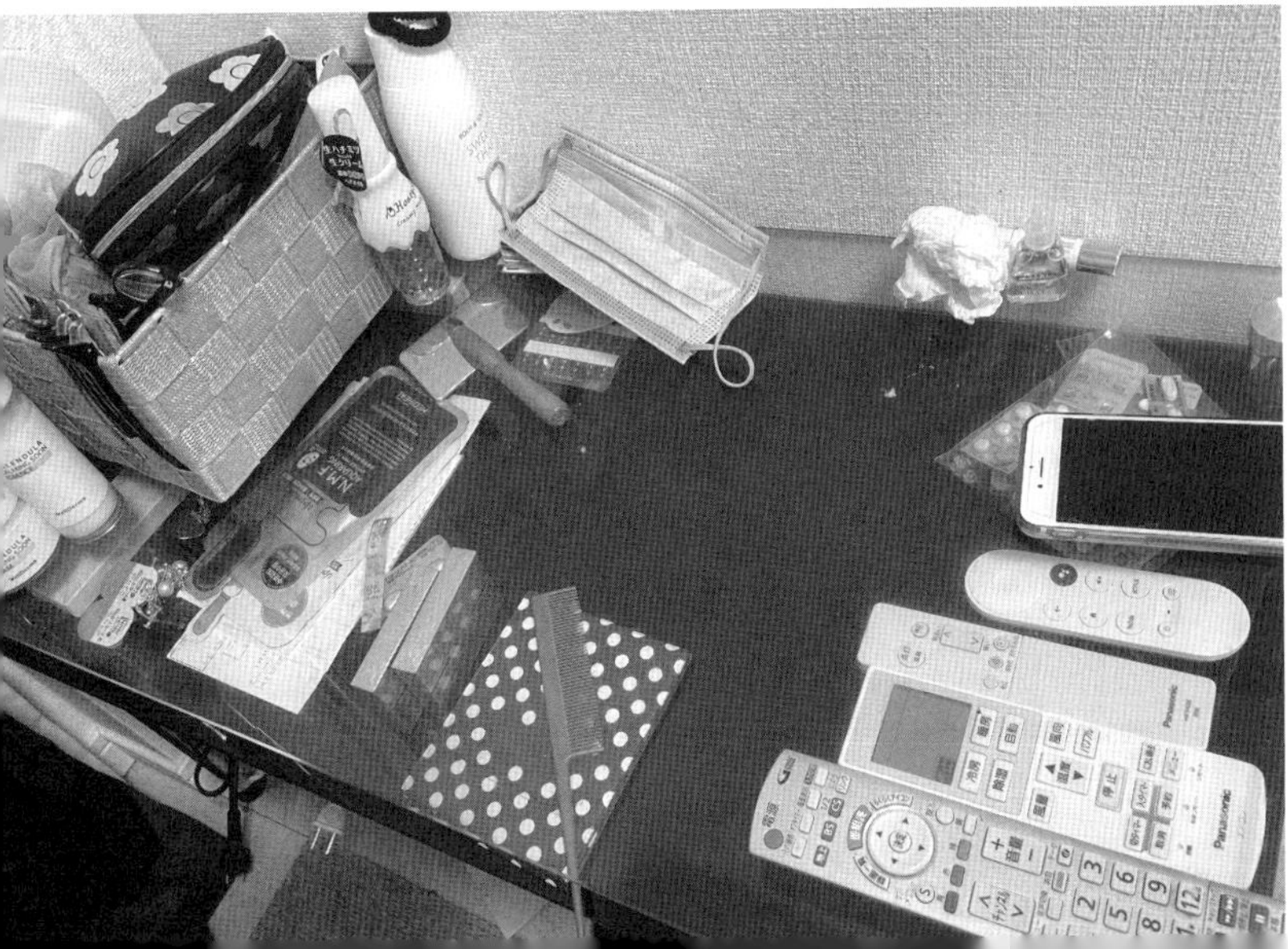

未華子の住むマンションにて。テーブルに置かれたスマホの下には大量の処方薬が

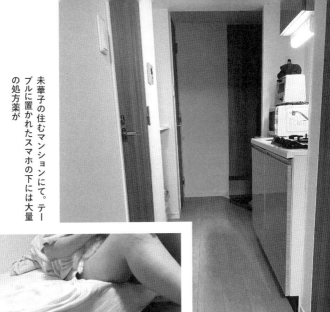

しかしホス狂いだったのは27、28歳ぐらいまでのことで、徐々に担当との関係が変わっていき、30歳を過ぎたころにホスト遊びは落ち着いた、と未華子は話した。ようするに、貢ぐ対象がなくなったことによって、未華子は詐欺や窃盗からも手を引くようになっていた。

だが、新たな問題を抱えていた。父親の血筋からなのか、ギャンブルにハマり闇金で借金までしていたのである。

「インカジで一昨日12万勝って、昨日も8万勝ってるんですよ。だけど滞納してた家賃1ヶ月分と、闇金への返済5万円、携帯代3万5千円を払って日用品とから買ったら全部、飛びました」

インカジとは、インターネットカジノの略で、実際の店舗内に設置されたパソコンからインターネットでカジノゲームをプレイし、勝敗に応じてその場で現金のやり取りをするギャンブルである。競馬や競輪などの公営ギャンブルではないので国内では当然、違法だ。

果ては、そのインカジにハマり、顔馴染みの外販（ホストクラブへ行く女性向けの客引き）の男からの紹介で3ヶ月前、10日で1割の利息を払う〝トイチ〟の闇金に手を出したのだ。外販からは、「ガチガチのヤクザでもよければ」と前置きされたというが、未華子は「まあ、トイチだったら払えなくないじゃないですか」と、懸念のかけらもない。「何も闇金で借りなくてもいいのに」とボヤく自分が見える――。

カラダを売ることなんて何とも思わない

日が傾きかけたころ、窓の外から「ワン」と吠える愛犬の声がした。愛犬は、インタビューの邪魔になるのではとの未華子の計らいでベランダに出してくれていた。

どんよりとした鉛色に空は広く覆われている。ベランダに出て、愛犬の様子をうかがうついでにシトシトと降り続く冷たい小雨を確認すると、「今日は出勤できないな」と未華子がつぶやいた。路上に立たないとなると当然、今日の実入りはない。

――やっぱり晴れの日しか立たないんだ。

「雨の日は基本、立たないですね」

――路上売春って、天気に左右されての綱渡りなわけね。でも、立てば何とかなるって頭があるから気軽に闇金で借りることもできる、と。

「そうなんですよ。ぶっちゃけ数千円でも持ってれば1週間とか生きられるじゃないですか」

――公園は、いまコンスタントに月いくらぐらい稼げるの？

「50（万円）くらいは余裕で稼げます。だって、1日5万を10日やればいいだけじゃないですか」

――でも、若い子たちが大久保病院側に来る去年の夏前まではもっと稼げたわけだよね。

「まあそうですね。業界自体が暇だとはみんな言いますね。でも、いくら細くてサービス良くて愛嬌が良くても暇な子もいますし。逆に見た目微妙でも公園だと売れる子もいるんですよ。私も30歳を過ぎたあたりから稼ぎは少し減りましたけど、ぶっちゃけ容姿は関係ないですね」

――公園で売れるコツがある。

「もう愛嬌だけですよ。前にも言いましたけど、だから私は自分から声かけるんです。『どこ行くの？』ってフランクな感じから入って、『暇だったら遊んでよ』って」

――でも、リスク高いよね、自分から声かけるの。

「まあ、捕まるときは、自分から声かけなくても捕まりますからね」

――で、カネが入ったらインカジ行くか、ホストに行くか。

「そんな感じです」

――生活レベルを下げようと思わない？

「思わないです。なんならいまがいちばん下げてますね。これがいちばん最低です、私の。いちど一般職で働く同世代より稼げることを知ったら、もう無理ですね」

――じゃあ、もうカラダ売ることなんて何とも思わない。

「はい。何とも思わないです」

――もうずっとやるつもり？

「そうですね。40（歳）ぐらいまではやるんじゃないんですかね」

――なぜ40歳まで？

「やっぱ40ぐらいが限度じゃないですか」

――でも、公園には老女もいるよね。

「そうですね。でも、売れてるところをほとんど見たことないんですよ。むしろ『売れない』っていう見本になっちゃってます」

――その先のことは考えてる？

「そのころには犬もいないんでもう、さっさと死にたいですね」

――琴音と「一緒に死のう」って話してるんだよね。ビルの屋上から「手を繋いで飛び降りよう」って。飛び降りるっていうのは、やっぱり人目に触れたいから？

「それもあるし、落ちるだけだからいちばん楽そう。誰かがポンと突き飛ばしてくれれば、それで終わりじゃないですか」

――自分が死ぬことを、なぜ誰かに知らせたいの？　誰に知らせたいの？

「え、あいつ死んだんだ、みたいに思われたいだけ」

――でも、自分ではその確認はできないわけだよね。

「まあ、そうなんですけどね」

誰かがポンと突き飛ばしてくれれば――喜怒哀楽を示すことなく淡々と語るなか、その言葉に強い引っ掛かりを覚えた。見えない猿ぐつわが、未華子のなかにある。言い換えれば、自分から飛び降りる勇気はない――つまり本音では生き続けたいと、強く警告しているように僕には思えてならない。

それを裏付ける証言を得るべく、僕は琴音と同じように長期の密着取材を願い出ると、未華子は笑顔でそれに応じる。

しかし未華子は3回目に会う約束を反故にしたばかりか、次の約束を取り付けるため僕がＬＩＮＥで送ったメッセージを既読することはなかった。

めんどくさくなった。よく考えたらメリットがない。理由はいくつも考えられるし、むろん拒否する選択権は未華子にある。未華子のフトコロに入り込んでいたつもりでいても、いつでも裏切っていい存在でしかない。未華子は琴音と「同じ病院に通っている」と話していたことからしても、琴音と同様に統合失調症やＡＳＤの症状も多分に影響しているのだろう。そんなはかなさも感じた幕切れだった。

カネをせびり過ぎて家族から縁を切られた

未華子はインタビューのなかで、「せびる」という言葉を使い、母親からの仕送りがあることも明かしていた。「20歳からつい半年前ぐらいまで。15万の月もあれば、一切もらわない月もありました」と語っていた。17歳で上京した未華子だが、母親とは交流があったようだ。

未華子はそのカネの大半を、ホスト遊びで作った借金にあてた。当初は売り掛けして返済に困っていることを「正直に話した」と言った。そして、「もうホストには行かないで」と釘を刺されたことで、次からは「生活費が足りない」などと嘘をついて無心したという。

自分がまだホスト遊びを続けていることは、母親も「薄々感づいていたと思う」と未華子は回顧した。それでも母親は、娘の要求に応じ、そのつど言われた額のカネを送金し続けた。自分の子供はやはり心配なのだ。

母親からすれば、月に15万円ものカネを捻出するのは大変な苦労があったに違いない。母親の貯金は３００万円ほどあったというが、それは長きにわたり身を粉にして働いたり、家計をやりくりした結果だろう。果たして貯金は底をつき、未華子が言うように仕送りは、いまから半年前にストップした。

だが自分を捨てた母が自分に贖罪をするのは当然のことであり、それの何が問題なのかと未華子は思っている。だからこそ、今度は憎し母親と同類のもうひとりの家族、未婚で実家暮らしを続けていた実兄からも「カネを無心した」と、どこか他人事のように飄々と語る。

当初、自分の給料の中から支払っていたが、未華子の「せびる」回数が増えてくるととても足りなくなったのか、兄は町内会で集めていた会費を横領してまで未華子にカネを送ったらしい。合計金額が１６０万円を超えたところで、やがて横領はバレて、地元に居られなくなってしまったという兄。果ては、そのカネの返済のため家を売る話まで出ているという。

自分に余裕があるならまだしも、一般的にはたとえ兄弟のためとはいえそこまで飛躍はしない。なぜ、兄は犯罪までしてカネを作ったのか。

「なんでですかね。母みたいに兄も少しは悪いって気持ちがあったんですかね」

未華子は贖罪の気持ちがあったのではと持論を述べた。

ともかく、実家売却の話を最後に、「もう縁を切る」という通告と同時に母と兄に着信拒否された未華子は、もう家族と連絡を取れる状況にない。自業自得だが天涯孤独の状況にある。

それでも未華子から謝罪の言葉が聞かれることはついになかった。どころか、「母も兄も、別に死んだって何とも思わないです。葬式に行く気もないですし。でも、遺産はもらいます」と話していた。つまり未華子の路上売春は、憎き家族に刃を向け続ける延長線上にあると考えるのが自然なのだ。

だが、すべては母親への愛情の裏返しに違いない。死ぬにしても、人目がつく場所での自殺を望み、誰かに知らせたいと語るその誰かは、母親だと僕は考える。

事実、母親のことを語る未華子は、いつもより饒舌になったことをよく覚えている。

第3章

ハイジア・大久保公園界隈に街娼が集まり始めたルーツ

江戸時代末期（1862年〈文久2年〉頃）の内藤新宿。地図中央の右から左上に延びている通り沿いに、「下町」「仲町」「上町」と内藤新宿の宿場町が続く。「大木戸」が現・四谷四丁目交差点付近、「追分」が現・新宿三丁目交差点に当たる。

＊図版は『新宿 性なる街の歴史地理』（三橋順子・朝日新聞出版）より引用。＊同地図の原本は、『江戸切絵図』のうち『内藤新宿千駄ヶ谷絵図』（国立国会図書館所蔵）

これまで〝現在地〟に立つふたりの女性を紹介してきたが、この章では街娼が誕生した歴史を振り返りつつ、新宿歌舞伎町のハイジア・大久保公園周辺にカラダを売る日本人女性が集まり始めたルーツを探ってみたい。売春エリアには古い歴史を持つ地域が多い。きっとこの場所にも何らかの成り立ちがあるはずだ。

カラダを売って暮らすことを覚えた女性たちの類似性

街娼の誕生――その歴史を紐解こうとしても、起源ははっきりとはしない。売春は人の本能に根付くものであり、人類の歴史の始まりとともに売春の歴史も始まる――そして路上で個人売春をする女性が街娼であるならば、つまり、人類の誕生とともに街娼も誕生していたことになるからだ。

『闇の女たち』（新潮文庫）で日本の街娼史を分析した性風俗研究家の松沢呉一も、こう着地している。

「いつ売春が発生したかについての結論を出さずとも、『街娼の発生は売春の発生とほとんど等しい』と言ってよさそうだ」

松沢は街娼について、「不特定多数が通行する場で本人が客に声をかけ、あるいは客に声をかけられて交渉して売春をする娼婦のうち、娼家等に属さず、個人売春をする者たち」と著書のなかで定義する。ちなみに娼家とは、娼婦を置いて客をとる家のこと。つまり松沢の街娼についての考えは、拠点を持って誰かに斡旋されるような形態ではない、というものだ。これに僕も同意する。

この定義による街娼は、江戸時代から多くの文献に記録されている。公認された娼――公娼が働く吉原遊廓が1617年につくられたが、その値段から高嶺の花であったことで、元禄年間（1688～1704年）の後期になると、庶民は内藤新宿、品川、板橋、千住を主とする公の許可を受けていない売春婦が多くたむろする場所――岡場所――いわゆる私娼窟で遊んだ。しかし、その私娼窟も天保の改革で潰される。そこで大繁盛したのが夜鷹である。

夜鷹とは、江戸時代の街娼を指す言葉で、夜になると街に出て野外や仮小屋で売春した遊女のことだ。公娼ではないことからも、また生活困窮者が多かったことからしても、下級遊女にカテゴライズされた。白粉を塗って顔をごまかし、かつ暗闇でも目立つようにして客を取っていた。

話は終戦後まで飛ぶが、夜鷹はその出で立ちからも、白塗りの厚化粧にフリルのついた純白のドレス姿で街角に出没して横浜の風景の一部となっていたホームレスの老女――メリーになぞらえることができる。彼女の半生を綴った映画監督の中村高寛によるドキュメンタリー映画『ヨコハマメリー』（2006年公開）で知られる、伝説的な街娼だ。本名不詳。通称「ヨコハマメリー」。

中村の著書『ヨコハマメリー／かつて白化粧の老娼婦がいた』（河出書房新社）によれば、内閣総理大臣の原敬暗殺事件が起こった1921年に岡山県で生まれたメリーは、8人兄妹の長女で、実家は農家だったという。地元の青年学校を卒業後には、国鉄職員と結ばれ、子宝には恵まれないまでも順風満帆の人生を送っていたようだ。しかし第二次世界大戦が始まり、軍需工場に働きに出るようになると、人間関係を苦に海に入って自殺未遂を起こし、それが原因で結婚生活はわずか2年で破綻。終戦後は兵庫・西宮の料亭で女中奉公をしている。

重要であるため料亭での女中生活の詳細とその後の展開はのちに記すが、関西を離れたメリーは1952年ごろ、横浜・伊勢佐木町で街娼になった。メリーは1995年ごろまでしばし目撃された。だが、その年の冬に人知れず姿を消し、以降は故郷がある岡山県内の老人ホームで余生を送る。2005年1月17日、84歳没。心不全だった。

夜鷹からメリーへ。メリーから現代の街娼へ——。一見、関連性はないように思えるこの流れが、実は地続きであることがのちにわかってくるのだ。ポイントは、カラダを売って暮らすことを覚えた女性たちの類似性である。

「旭町のドヤ街をねぐらとする街娼たちがたくさんいた」

話を戻そう。

これまで記したように、松沢の定義による街娼は少なくとも江戸時代に誕生した。それはいまも続いていて、岡場所から私娼窟が生まれ、天保の改革で夜鷹へと変化し、いまの街娼に至ったことになるだろう。

だが、それだけでは東京の街娼を象徴する〝現在地〟――東京・新宿歌舞伎町の高層ビル『東京都健康プラザ ハイジア』と、隣接する『新宿区立大久保公園』一帯に集う街娼たちにはつながらない。大勢の人間を一つの場所へと動かすには核になるもの、すなわちハブが必要だからだ。

そのハブになったものとは何か――。

実は、このハブが、かつて岡場所だった内藤新宿――いまの新宿１・２丁目であると、当初は見ていた。この地の街娼たちが何らかの理由で移動した果てに、と理解したのである。それは、〝現在地〟からほどよい距離にあることも後押しした。

さらに明治通り・新宿交差点より東へ60ｍほど歩いた、いまも複数のビジネスホテル――簡易宿泊所が現存する新宿４丁目あたりは、１９４７年までは『旭町』、その前は『南町』と呼ばれるドヤ街で、戦後の混乱期には「旭町のドヤ街をねぐらとする街娼たちがたくさんいた」

新宿４丁目はかつて「南町」「旭町」と呼ばれるドヤ街だった

という記述が散見された。

旭町がいかに街娼が多かったか――私娼窟であったかを『新東京百景』（冨田英三・スポーツニッポン新聞社出版局）から引用する。

〈旧旭町界隈は、昔流にいう木賃宿街、ヨコ文字でいうベッドハウス街であり、そこいらの街の暗ヤミの中は、売春婦のたむろする、夜ひらく戦場でもあった〉

ここから見て取れるのは、街娼たちがドヤ街の路上に立ち、声をかけてきた男たちと交渉しつつ、安価な連れ込み宿（いまでいうレンタルルームに近い）に引っ張り込んでいた構図である。首尾よく客が付けばいいが、うまく仕事にありつけない場合は、場所を変えてキャッチに励んだ女性もいたに違いない。

そして旭町の徒歩圏内には、のちの現在地があるのだ。さらに客付きの良い場所があれば、男性客や街娼たちの間で評判になり、自然と人が集まってくるのも自明の理だ。僕なりに整理すれば、それらが相まって〝現在地〟が形成されていったとすれば納得がいったのである。

新宿歌舞伎町の『花道通り』付近に、進駐軍用の慰安施設RAAが

　現在地に街娼たちが集まり始めた経緯はわかった。だが、改めて調べてみるとどうも違和感がある。前述の理由に加えて、全く異なる事情から現在地に立った街娼たちも少なくないようなのだ。別角度から見てみよう。

　1945年8月14日――日本が第二次世界大戦で敗戦したことが夜鷹と現代の街娼を繋げる始まりでもあった。当時の警視総監・坂信弥は終戦3日後の8月17日、東京料理飲食業組合の役員を集めて慰安施設の設立を依頼。そして同年8月26日、特殊慰安施設協会（RAA・Recreation and Amusement Associationの略）が発足する。

　RAAとは、進駐軍兵士による強姦や性暴力を防ぐために日本政府の援助により東京を中心に設置された慰安所。つまり管理売春宿を中心とした進駐軍用の慰安施設である。戦後は進駐軍兵士による日本人女性への強姦が相次ぐことが予測された。その防波堤とすべく売春施設を

設けたのだ。

元々料亭だった建物を改装した東京・大森海岸の国営売春施設『小町園』が第一号慰安所だ。同年9月3日に毎日新聞に掲載された「急告　特別女子従業員募集　衣食住及高給支給前借にも応ず　地方よりの応募者には旅費を支給す」という募集広告により、敗戦で家族や職を失うなど生活に困窮した1600人もの女性が集まった。

「奥さんが、お嬢さんが、米兵に乱暴されてもよいのか」。そんな文句で売春キャンペーンは展開された。

『日本風俗業大全』（現代風俗研究所・データハウス）によれば、東京・銀座から築地の近辺に存在した『三松』、横浜・山下町のアパート『互楽荘』、東京・吉原の遊廓街や神奈川・横須賀の置屋もRAAに加わったとされている。『小町園』などの新たに設えられたRAA施設は、すべて1階はダンスホール形式で、ダンスやアルコールを楽しみながら女性を選び個室に移動して性行為を行うスタイルだ。

RAA専用施設は進駐軍兵士のみが利用できた。ただし、吉原などの「旧遊廓の場合は日本人も今まで通り利用できた」という。

『台湾人の歌舞伎町――新宿、もうひとつの戦後史』（稲葉佳子／青池憲司・紀伊國屋書店）は、このRAAがかつて〝現在地〟――現・新宿歌舞伎町2丁目43、44号――からほど近い、歌舞伎町を東西に抜ける『花道通り』（「西武新宿駅前通り」から「新宿区役所通り交差点」までの細い俗称道路）を挟んだ真向かいにあったことも伝えていた。

「（歌舞伎町商店街振興組合・初代理事の）藤森作次郎は、1947年6月、購入敷地に旅館を建てた。郷里の上諏訪から蔵の解体材を運び込み、組み立てたのである。堅牢な柱、梁、床材で組まれた風雅な雰囲気を持つ蔵屋造りの旅館に、諏訪湖を一望できる高台にある菩提寺教念寺の藤森家墓所に咲く芙蓉の花に因んで『芙蓉館』と命名した。

入り口近くにダンスホールを設け、25室の部屋数を有する芙蓉館は彼の思惑どおり、連日、進駐軍兵士と彼らを相手にする女性たちで賑わった。どのような伝で入手したのか定かではないが、1947年8月、進駐軍兵士の慰安所を提供する目的で設立されたRAA特殊施設部の認可証を武器にしていたのである」

戦後に新宿の復興の一翼を担った藤森は、職安通りと西武新宿駅前通りのぶつかる角地、現在『東急歌舞伎町タワー』（旧・カプセルホテル＆サウナ・スパ『グリーンプラザ新宿』）がある土地約２００坪を優先的に、かつ廉価で分譲してもらう。つまりＲＡＡ『芙蓉館』は、〝現在地〟の目と鼻の先にあった。

〝現在地〟のもう一つのルーツはＲＡＡ『芙蓉館』にあった

ここにもう一つの事実が加わる。ＲＡＡは進駐軍向けの売春窟であると同時に、比較的裕福な米軍将校が現地妻（愛人）を探す場所でもあった。当時の日本は敗戦国であり、カネも力も持った米兵の愛人になることで、安定した生活を手に入れたいと考える女性も多かった。いまで言う「太い」「定期」の客である。

しかし進駐軍の将校と愛人契約を結んだところで、相手は遠くない将来、母国へ帰ることになる。そのとき、日本に残された愛人はどうなるのか。売春によって楽をして生きることを覚えた女性が元の生活に戻れないのは、いまも昔も変わりない。前出のメリーとＲＡＡの街娼たちとの類似性はこの点にあるのだ。

結婚生活が2年で破綻したメリーは戦後、関西の料亭で女中として働いていたと記したが、実際は慰安所で働いていた。関東の料亭がそうであったように、この店も進駐軍相手の商売に切り替えていたのだ。

メリーはＲＡＡで知り合った米軍将校の愛人になった。その後は米軍将校を追って上京するが、愛人関係は長くは続かなかった。１９５０年に勃発した朝鮮戦争により米軍将校が現地へ赴くと、戦争が終結したあとも、米軍将校はメリーのもとへは帰らなかった。

結果として、ひとりになり生活に困ったメリーは、横浜・伊勢佐木町へ移動してパンパンとしての生活を始める（子供時代から裁縫が趣味で、また派手な格好が好きだったというメリーは、白い化粧をして、白い服を着て街に立った）。

パンパンとは、在日米兵相手の街娼の俗称だ。戦災で家族や財産を失い、生活に困窮して連れ込み旅館でカラダを売った。『戦後史大事典１９４５-２００４ 増補新版』（三省堂）によ

RAA『芙蓉館』は、進駐軍相手の商売ができなくなったあと、『芙蓉會館』に名前を変えて、宴会・結婚式場として営業していたようだ。写真は1960年代の『芙蓉會館』のパンフレット

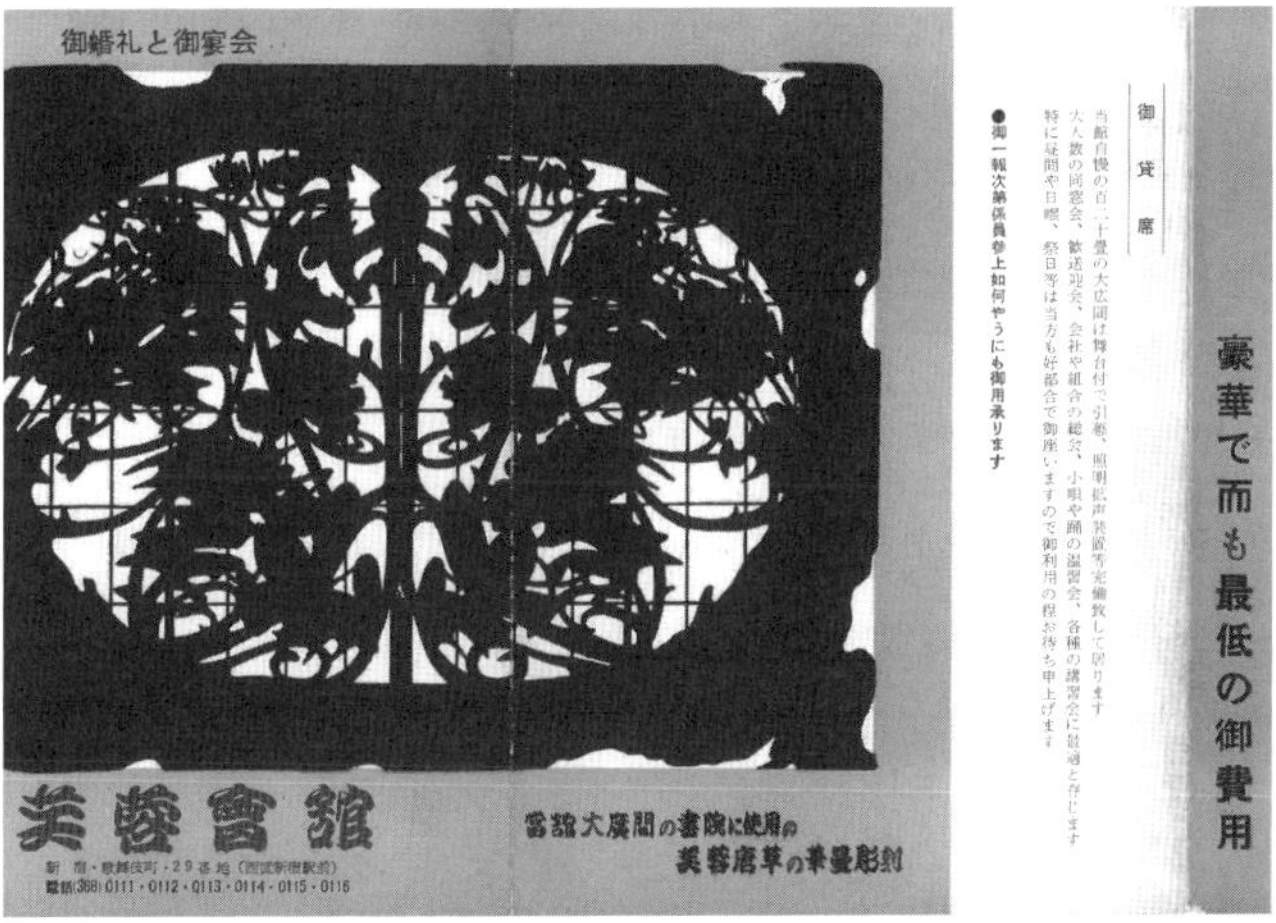

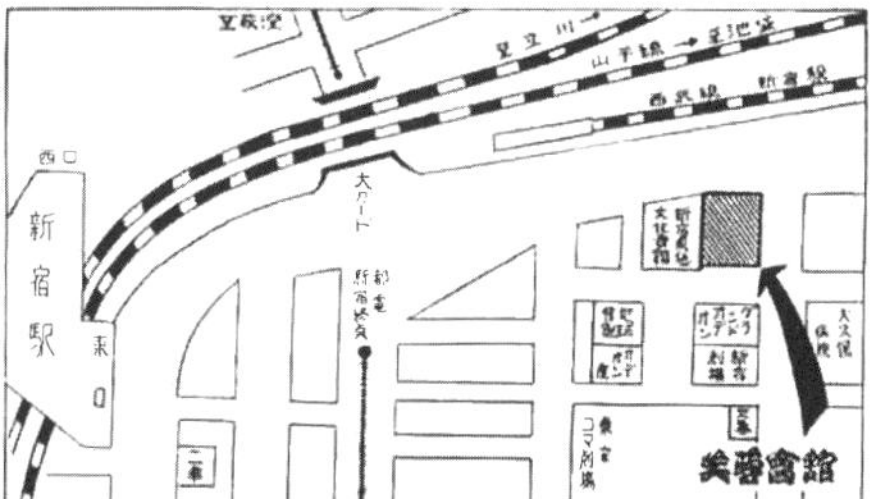

芙蓉會館（RAA芙蓉館）は東宝コマ劇場と西武線新宿駅の間にあった（パンフレットより）

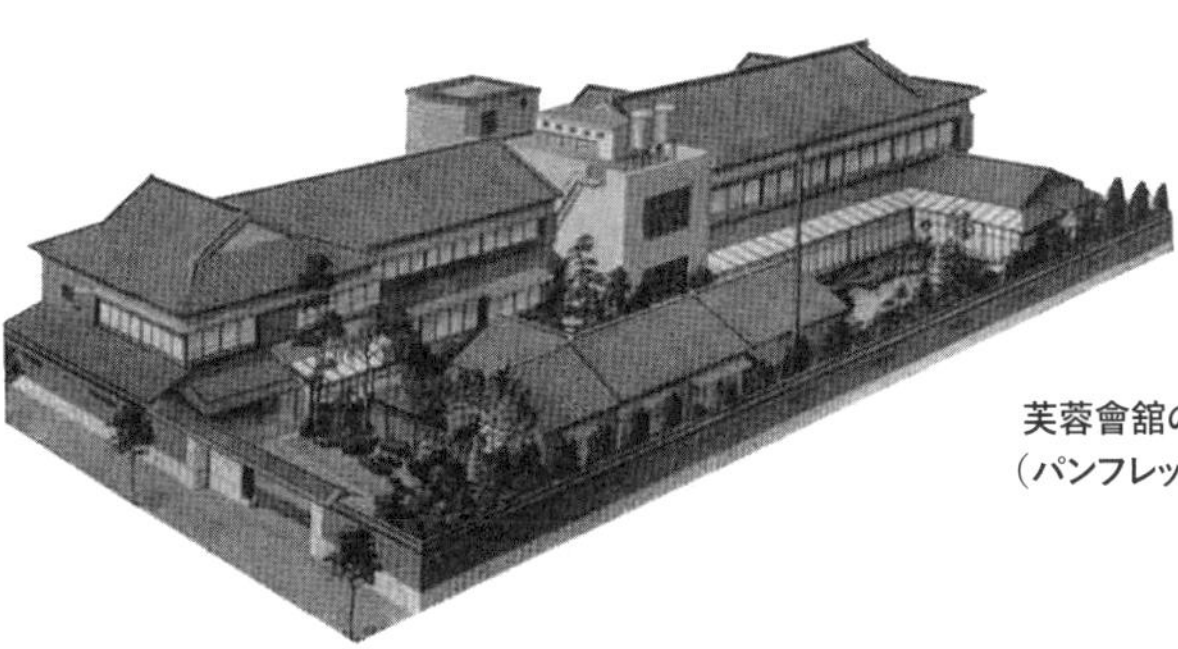

芙蓉會館の全景（パンフレットより）

れば、1947年時点で東京に3万人。横浜、名古屋、京都、大阪、神戸を加えた6大都市の合計で4万人のパンパンがいたとされている。5年後のメリーもそのひとりだったことになる。

RAAで働くこと。進駐軍の将校の愛人になること。相手とはいつか別れが来ること。生活のために路上に立つこと。いくつもの類似点を精査すると、白塗りの厚化粧にフリルのついた純白のドレス姿で街娼をし、関西のRAAで働いた経験もあるメリーこそ、夜鷹から〝現在地〟までを紐付ける論理面の支柱だと気づかされたのだ。

話をまとめよう。

新宿の芙蓉館に集った女性たちは、将校たちの性処理の相手をしながら、現地妻として愛人生活を送るが、やがては別れる日が訪れる。このとき、カラダを売ることを覚えた女性のなかには、メリーと同じように生活のため路上売春を選択する者も少なくなかったことだろう。問題は、どこに立つかなのだ。

彼女たちの目と鼻の先では、旭町のドヤ街を根城にした街娼たちが、夜な夜な路上に立ち、客を引いていた。捨てる神あれば拾う神あり、とはよく言ったもので、彼女たちのなかに手近な新宿の街娼へと流れていく者も少なくなかったのではなかろうか。そうでなくとも、芙蓉館で働きながら、進駐軍の客が付かなかったときは、付近の路上に立つ女性がいた可能性も高い。

そして彼女たちは、数多の街娼たちと交ざりあい、やがて街娼の多さが評判になり、どこの誰とも分からぬ女性たちが春を売るために集まってくる、新宿の売春エリアが形成されていった――以上の見立てが確かならば、〝現在地〟のもう一つのルーツはＲＡＡ『芙蓉館』にあったことになる。

公娼制度が廃止されても売春は無くならない

ＲＡＡが崩壊し始めたのは１９４６年のことである。

前年１９４５年８月26日のＲＡＡ発足から約３ヶ月後には東京だけで50施設を超えるまでに増えていたが、翌１９４６年の３月１日、キリスト教牧師や在日米軍の婦人団体などから抗議の声が挙がったのを機に、ＧＨＱは進駐軍兵士の立入禁止令を出し、表向きＲＡＡは廃止された。

ただし、正式にRAAが消えるのは発足から3年後の1948年で、それまでは規則違反を顧みない米兵と日本人を相手にした営業が続いていたという。実際、新宿の芙蓉館も1947年8月に始まったとのことだから、戦後の混乱期においては曖昧な部分があったに違いない。

さしあたり、主な流れは以下である。

1946年1月21日、GHQが日本政府に対して覚書「日本に於ける公娼制度廃止に関する件」を出す。2月2日、内閣省が「娼妓取締規則」廃止の通達をする。

これを受けて公娼制度は廃止。だからといって売春婦が一掃されたわけではない。

「これ以降は、どんな形の売春であれ、すべては私娼となり、売春自体を禁ずる法律は消え、敗戦によって娼婦が供給される事情が増大し、また、進駐軍によって需要も拡大し風俗のコミュニティで噂になり広がった」

前出の松沢が同著書のなかでこう指摘しているように、確かにこの公娼制度廃止は業者と娼婦らが職を失うことを意味していたが、これまで管理されていた娼婦たちを街に解き放つだけだった。覚書「日本に於ける公娼制度廃止に関する件」には、「売淫は合法的な仕事とは認められないが、生計の資を得る目的で、個人が自発的に売淫行為に従事することまでは、禁止しない」とあり、個人売春である街娼はもちろん、遊廓跡地での売春行為そのものまでは禁止されなかったからだ。

遊廓は「特殊喫茶」や「貸座敷」という名の「特殊飲食店」となり、客が自由恋愛の果てに給仕や仲居と性行為に至ったまでだ、という解釈のもとで売春は許容された。警察当局は、「特殊飲食店」に指定した地域を地図上で赤線で囲い、「特殊飲食店」の営業許可なしに一般の飲食店のままで非合法に売春行為をさせていた区域を青線で囲い、それぞれ区別した。

桃山時代から350年間続いた公娼制度の廃止は、終戦後の1946年12月から「売春防止法」が完全施行される1958年3月末まで存在した「赤線」と、「赤線」設立から2年後に出現した「青線」との黙認売買春地区を生み出すことになったのであり、廃止後も、トルコ風呂が改称したソープランドがそうであるように、「恋愛」を建前とした男女の自由意思による売春行為は、場を変えて続くという大きなうねりともリンクしていった。

事実、赤線施行当時の娼婦の数は50万人だったが、廃止2年後の1960年ごろになっても25万人を数えたと推計されている。

「売春防止法」の争点が個人売春にないのは、現代でも同様だ。いわば街娼などの個人売春の免罪符として機能していく。

東京の街娼が『ハイジア』に集中した理由

東京大空襲により焼け野原になった新宿も、戦後から高度経済成長期の真っ只中である1960年代に入ると、大規模な区画整理をした上で、歌舞伎座の誘致を目玉に飲食店・映画館・遊戯施設などを集中させる大興行街計画により新興の街「歌舞伎町」として台頭する（実際には誘致計画は頓挫）。「盛り場」として人を集めるにつれて、性の需要も高まる。そして1970年代の安定成長期には、〝現在地〟周辺にラブホテルが乱立し、客を捕まえ売春に誘いやすい状況が整う。

「家出少年も最後には新宿に集まってくる、という。警視庁は毎年四月上旬に上野、東京、新宿の3つの駅に家出人相談所を開設、少年の保護活動を集中的に実施しているが、新宿地区で保護される少年の特徴は半分以上が女子であること。『ガールハントをねらってたむろする男が安易に彼女らにお金を渡すからだ』（警視庁少年一課）という。都内の盛り場の街娼は推定約500人。このうち6割は新宿地区で占める」

1984年6月11日の日本経済新聞（夕刊）は、特集『人、人、人が隠れみの、黒い取引に〝獣道〟（新宿今鏡）』のなかで、RAA『芙蓉館』閉鎖後の〝現在地〟についてこう記している。つまり新宿は、実質的にこの当時から家出少女を主とした街娼たちの巣窟だった。

新宿を中心に渋谷、池袋、新橋、上野、浅草――リアルな数字として示すことはできないが、以降の東京の繁華街を観測した文献を見る限り、これまで都内の繁華街を中心に散らばっていた街娼たちはさらに新宿に集約されていったことがわかる。

では、どうして80年代以降の街娼たちは新宿、とりわけ〝現在地〟に集約されていったのだろうか。恐らくそれはラブホテルが乱立し、客を捕まえやすくなったことと深く関係している

外周には立入禁止のフェンスが

ハイジア（２０２１年撮影）。この後ろに大久保公園がある

こんな看板も

街娼が
座れないよう
植え込みの周りに鉄製の
「ミニフェンス」を設けた

のは前記の通りだが、この状況は90年代に入ってさらに加速する。

決定的な影響を与えたのが１９９０年８月９日に着工された『東京都健康プラザ ハイジア』であると理解していい。都立大久保病院、スポーツ施設、カルチャーセンター、飲食店、歌舞伎町交番などを組み込んだ施設として総事業費約４３４億円をかけて建設され、１９９３年４月30日に完成した。

街娼集結のベースになっていたのは、その立地である。ハイジア西側は目と鼻の先にラブホテル群があったことはもちろん、外周に設置された植え込みを囲むコンクリート縁石群は――ときには植え込みの縁石をベンチ代わりにして座り、休憩がとれたことからも――街娼たちが身を隠すようにして立ち、春を売るのに適していたのである。

「警視庁も今年になってハイジア周辺の摘発を強化。11月末現在、売春防止法違反（客待ちなど）の疑いで、前年同期より22人多い延べ87人の女性を逮捕した。また、女性たちから用心棒代を受け取ったとして、同ほう助の疑いで暴力団組員らを逮捕。同庁は路上売春が暴力団の資金源になっているとみて、捜査を続けている」（２００７年12月31日、『東京新聞』朝刊）

警視庁も街娼摘発を強化していたが、いたちごっこが続くなか2007年12月末、都により歩道と敷地を隔てる長さ40メートル、高さ約90センチのシルバー色のフェンス設置工事が行われ――さらに植え込みだけしかなかった敷地境界にも茶色のメッシュフェンスが2重に設置される――このころには路上売春エリアとして広く知られていたハイジア西側からは敷地内への立ち入りができなくなった。都は街娼を強制的に締め出したのだ。

これと並行して同時期、敷地境界代わりにビル外周に断続的に配置され、これまで街娼たちがベンチ代わりにしていた植え込みを囲むコンクリート縁石の上部には――座りこみなどの迷惑行為を防ぐため――植物のツルを模した細長い鉄製の飾り――正式名称「ミニフェンス」も設置された。これにより座るのが難しくなったことだけは確かだ。

だが、悩ましくもこの浄化作戦は一切効果を上げはしない。立つぶんには問題がなかったことからしても、結果からすれば街娼たちはいまも鉄製の「ミニフェンス」を尻目に歩道に居続ける。ばかりか大久保公園周辺へとエリアを広げるだけだったのだ。

第4章

歌舞伎町で
起きた事件から紐解く、
路上売春史

1990年代～外国人とニューハーフの時代

過去の事象から浮かびあがった、肩透かしに終わらせられたフェンス設置による街娼たちのハイジアからの強制的締め出しから〝現在地〟に至るまで——それは、街娼と警察当局との戦いの歴史でもあった。

日本人街娼が起こした数々の事象を紹介する前に、まずはハイジア誕生直後は日本人女性だけではなく、外国人やニューハーフの街娼が主だったことも押さえておきたい。当時の主要新聞記事を引用する。

◯入国管理法違反で6ヶ国17人摘発　新宿で警視庁と東京入管

警視庁の新宿地区環境浄化総合対策本部と新宿署、東京入国管理局は5日夜から6日未明にかけて、新宿区大久保、歌舞伎町、百人町のホテル街で、街娼などの一斉取り締まりを行い、イラン、タイなど6カ国の計17人を入国管理法違反などの容疑で摘発した。

現行犯逮捕されたのは、タイ人女性1人とイラン人男性2人。女性は6日午前1時半ごろ、歌舞伎町1丁目の路上で、会社員に付きまとい、「遊び、ホテル、2万」と誘った売春防止法違反（勧誘）の疑い。男性2人は、在留期間を2年6ヶ月以上も超えて日本に残留している入国管理法違反（不法残留）の疑い（1994年9月6日『朝日新聞』）

○東京・新宿　自衛官殺人事件　初公判　ニューハーフ、殺害後も売春続けていた

今年2月、東京・新宿区歌舞伎町で売春をめぐるトラブルから海上自衛官（当時27）が刺殺された事件で殺人罪などに問われた〝ニューハーフ売春婦〟成沢淳一被告（28）の初公判が28日、東京地裁で開かれた。検察側冒頭陳述などによると、成沢被告は自衛官を刺殺した直後、再び歌舞伎町で〝街娼〟行為をしていた。持っていたナイフで十数回メッタ刺し。自衛官はホテルから約170メートル離れた路上で倒れ、病院に運ばれたが死亡した。ホテルの室内の血痕をふき取り証拠隠滅。ナイフでけがをした自分の親指を従業員に届けさせたカットバンで治

療し、翌22日午前0時19分ごろホテルを出た。その後、別のホテルで売春行為をし、明け方帰宅する直前には同町のコンビニエンスストアで買い物までしていた。

同被告は神奈川県横浜市内の中学校に入学後、シンナー吸引などのため教護院に入院。同県の鉄工所などで働いた後、宮城県内の温泉旅館に勤務。調理場でてんぷら油がかかって足を大やけどし入院した。治療費を稼ぐためと、もともとの「変身願望」から1993年ごろ、整形手術を受けニューハーフになった。品川区などの風俗店に勤務した後、歌舞伎町の路上で男性相手の売春を行うようになったという（1998年5月29日『日刊スポーツ』※一部抜粋）

ごらんのとおり、紹介した2つの事件は、いずれも外国人女性の街娼か、日本人のニューハーフ男性の街娼が当事者だ。当時の〝現在地〟の状況を如実に表すものになるだろう。

では、戦後から形成された〝現在地〟はいつから外国人街娼が増え、いつから日本人街娼の巣窟に様変わりしたのか。それはどんな事象により浮き彫りになったのか。2010年12月25日付の『東京新聞』は、10年前は外国人が圧倒的に多く、逮捕者全体に占める日本人の割合は

4％にすぎなかったが、「最近では3人に2人が日本人と逆転。安易な小遣い稼ぎが動機の若い女性が目立つ」と記し、このころからまた日本人街娼が急増したことを伝えている。

原点は2010年前夜と言っていいだろう。さらに、その後の主要な事象を時系列に沿って記す形で〝現在地〟までの道筋を追う。

2010年代～未成年の時代

○女子高生立ちんぼ

2010年代に入ると、ハイジア周辺は未成年の立ちんぼだらけになった――。2011年夏ごろから発生した未曾有の事態である。

当時、写真週刊誌『FRIDAY』の記者をしていた僕がこの珍事を取材したのは、翌2012年4月下旬のことだ。僕がいるのは、新宿歌舞伎町・ハイジア西側。向かいには数軒のラブホテルがある。それらをはさんだ真ん中には細い路地がある。物陰に隠れて固唾を呑んでいた。

19時を過ぎたころから少女がひとり、またひとりと現れ、赤いベースボールキャップを被った若い強面の男に挨拶を済ませると、ラブホ側の路地の脇の地べたに何食わぬ顔で、立つのではなく座り込む。

20時を過ぎたころには、またひとり増え、道路脇に座る少女は計3人になった。少女らは時間つぶしでもなければ、ナンパ待ちでもない。こうして座りながら買春目的の男から声をかけられるのを待ち、客を捕まえてホテルへ消える街娼だ。

これまで半信半疑だった僕に、決定的な瞬間が訪れたのはその30分後のことだった。サラリーマン風の男性がひとりの少女に近づき、何やら少し会話をしたと思えば、ふたりは手を繋いで歩きだしたのである。行き先が目と鼻の先のラブホテルだったことは言うまでもない。

試しに、僕も少女たちの前を歩いてみた。すると少女らは、まるで僕を誘うかのように微笑んでくる。「買って！　私を買って！」口には出さないが、目でそう訴えている。

僕はギャル系の金髪少女に話しかけた。

「何してるの？」

「うーん、別に……」

口調はぶっきらぼうだが、拒絶している様子はない。

「遊べるの？」

僕が客のフリをしてそう聞いた途端、少女は饒舌になった。

「うん、ゴム有りでイチゴー（1万5千円）」

「いくつ？　18くらい？」

「少し下。（歳は）言えないことになってるんだよね」

「キミより若い子もいるの？」

「うーん、みんなそんな感じ。一番下は13歳がいるって聞いたよ。ヤバいよね」

その会話を最後に、少女の目線が僕から外れ、後方に泳ぐ。振り向くと、前出のキャップを被った強面の男が背後で目を光らせていた。

「あんまり話してるとマズいんだよね。遊ばないなら、バイバイ」

2010年代のハイジア周辺は、女子高生立ちんぼ or 座りんぼが多かった

会話と状況から察するに、このキャップの強面の男は少女たちの監視役――つまり、みかじめ料を徴収するケツ持ちなのだろう。さらに少女の年齢は、少なくとも17歳以下。しかも、たった1万5千円でカラダを売っているというのだ。ちなみにケツ持ちとは、ヤクザや半グレが対象者を庇護下に置き、対価を得る行為を指す。

その不条理な光景に肝がつぶれた。あろうことか現役高校生世代が売春のため路上に立ち、客待ちする日々を送っていようとは。

なぜ少女はここで売春しているのか。そして周囲で目を光らすキャップ男は何者か――。ツテをたどり、元ヤクザの男に少女らに通じる客引きの男を紹介してもらい、ふたりの少女に話を聞くことができたのは、それからしばらくしてからのことだ。

◯19歳と称して路上に立つ少女、華奈江（16歳）

その少女との待ち合わせ場所は、客引きの男が暮らす歌舞伎町の外れにある高級マンションだった。部屋番号を押してインターフォンを鳴らすと、客引きの男にロビーで待つように指示される。

ソファに座り待っていると、エレベーターから客引きの男が降りてくるのが見えた。昼間なのにサングラスをかけたギャルが後に続く。これが少女との出会いだった。

少女の名前は華奈江（仮名）。件の地で街娼をする16歳である。サラリーマンの父と専業主婦の母、中学生の弟と都内近郊のマンションに住む。客引きの男に「大丈夫だから」と説得されていたようで、街娼になった経緯からその暮らしぶりまですべてを話してくれた。

「去年9月からハイジア周辺で仕事するようになりました。きっかけは地元の友達の紹介です。その友達から『フーゾクで働いている』と聞いて、なら私も働きたいと思って。それで紹介してもらったのが、風俗ではなく立ちんぼだったんですよ。

もちろん最初は戸惑いました。だって、外に立つとなると人目が気になるから。でも、すぐに慣れました。同じように立ちんぼする仲間がいて、私のあとにも女の子が入ってきて、みんなと仲良くなって。あとから入ってきた子はタメかそれより下。なかには13歳もいました。

その13歳は10日くらいで居なくなっちゃった。そんな感じでみな入れ替わり立ち替わりだったから、何人いたかは正確にはわからないけど、たぶん15人くらいはいたんじゃないですかね。上は18歳ぐらいまでしかいなかった。ほとんどが15、16歳の未成年でした」

密着感をウリにした簡易的なマッサージを受けられるJKリフレ店に代表されるJKビジネスが現役高校生世代でも働ける売春の舞台として機能したのは少しあとのことで、この時代、身分証を偽造するなどの悪知恵を働かさなければ16歳の華奈江が正規のルートから売春ビジネスに入り込める隙などほとんどない。いや、もし仮に年齢をわかった上で雇ってくれる店があったとしても、安月給でいいように使われて——というお決まりの転落物語が始まるだけだ。つまり、華奈江が思うがままにカネを稼ぐには、こうして路上に立つしかなかったことになる。

華奈江は、街娼をしていることを〝仕事〟と言った。まるで法律で定められた性風俗の一業種のように語るのには、何か事情があるのだろうか。

考えられるのはひとつ、少女らの後ろで目を光らせていた〝ケツ持ち〟の存在だ。一般にはヤクザのシノギである。つまりフリーで個人営業するのではなく、ヤクザの威光で組織化されているから友達も「フーゾクで働いている」と言ったのだろう。僕の予想を裏付けるように、華奈江は続ける。

「最初に友達からヤクザの男の人を紹介されました。そう、ウチらのそばにいたキャップの男の人です。そしたら、その人から『やり方がわからないだろうけど、友達に付いていって。友達から近い距離にいれば、あのコがどうやって（売春をして）るかわかるから』と言われて。マネして近くに座っていたら、不思議と客の男の人が声をかけてきたから、『ああ、こうやってやるんだ』って思いましたね。簡単だなって思っちゃったんですよ。あとは特に何も指導されませんでした。もちろんプレイの講習もありません。

実際にやってみるとやっぱり簡単でした。だって、ただ座ってるだけで自然に声をかけられるんですよ。それで何となく値段を決めて交渉して、お互いOKだったらそのままホテルに。ダメだったらその場で断る、みたいな。

1本（ひとりの客）につき2千円の場所代を払う決まりでした。ヤクザの人は、最低でもふたりが近くにいて、私たちを見張ってくれていました。私服警官が来て、それを見抜けずに女のコが付いていっちゃうとホテルに入る前にパクられちゃうっていうのが、その理由です。ヤクザの人が『アイツ、私服っぽいから気をつけなよ』とかアドバイスくれていたんです。

客は40歳前後のオヤジが多かった。年齢？　18か19歳って誤魔化してました。だから客は実際の年齢を知らなかったんだと思います」

華奈江は淡々と話した。これは普通のアルバイトだと言わんばかりに。そこには犯罪の念など微塵も感じられない。私は単にカラダを売っているだけ。臆することなき態度でそう主張する。

しかし16歳が路上で売春することが普通である、はずがない。あまりに現実離れして聞こえ、歯牙にも掛けない作り話だとイラつきさえ湧いてしまう。

だがこれは、ドラマの台本を読み上げているのでも何でもなく、向かいにいる少女の実体験だ。それが、ディテールに至るまで再現された華奈江の話から痛切に感じられる。

華奈江がやっているのは、カラダと引き換えにカネを得る仕事だ。どんなにカネが必要だろうと、そうそう割り切れるものではない。家にお金を入れないといけないとか、何か借金を抱えているとか、置かれた境遇に事情があるのだろうか。

「別にお金に困ってたとか、家が借金まみれとかじゃない。遊び代だったり、洋服代だったり単純に遊ぶお金が欲しかったから始めたんです。それにウチはフツーの家庭ですよ。親とは……、そんなに仲がいいわけじゃないけど、ちゃんと父も母もいるし、家にも帰ってるし。

家出しているコはほとんどいなかったと思います。13歳のコも、家出ではなく『家が近いだけでちゃんと帰ってる』って言ってました。でも、同い年くらいなら私と同じような欲求で立ってるのはわかるけど、年齢を聞いて、さすがに『中1が万単位のお金を持ってどうするの？』って、やめるように言いました。

この歳だと出会いカフェに入れないし、出会い系サイトも規制が厳しくなったって聞くし、客とやりとりするのが面倒だし。もちろんヘルスやデリヘルのほうが安心だとは思うけど、働けないから路上で立ちんぼするしかないじゃないですか。少なくても1日3万円は稼げるから、洋服買えるし髪も染めれるし、余ればネイルだってできる。親？　居酒屋でバイトしてることになってます。

お金を稼ぐことなんて、カラダという武器を使えば簡単でした。1日平均2〜3人とセックスして、最高14万くらい稼げました。それでもう、すぐにお金に目がくらんじゃった感じです。だって、この歳で14万って、マジ有りえないことじゃないですかぁ。

出勤は不定期でした。1週間に1回きりだったり、2・3回だったり。時間は18時から24時まで。12月は寒いから週1くらいしか立てなかったけど、10月、11月は週4くらいで立ってました。

出勤っていったらおかしいけど、強制ではなかったんです。好きな時間に行って、好きな時間だけ働いて帰る、みたいな。とにかく自由なんです。行ったらとりあえずヤクザの人に挨拶をして、テキトーに立って、客を引いて。

なかには突然飛ぶ子もいました。理由は新入りのクセに態度が悪いとかでモメたりだとか。客が少ないときに、女の子同士で客の取り合いになっちゃったりしてたんです。例えばある客が2（万円）を提示して、それを盗み聞いたもうひとりの子がイチゴー（1万5千円）を提示すると、客をイチゴーの子に取られちゃったり。仲間意識はあっても、みなお金を稼ぎに来てるわけだから上辺だけですよね。仮にケータイ番号交換した子がパクられて、コッチまで巻き沿えくらったら面倒くさい。だから連絡先も交換してないような関係です。

私の売値は最低イチゴー（1万5千円）。最初は2（万円）を提示して、2（万円）がキツいって言われたらイチゴーまで下げる。そのぶんフェラはナシとかにしたり、キスは1回や2回はいいけど、それ以上はダメとか。

生フェラなどはオプションにして別料金をもらっていました。でも、ナマ本番は『無理だから』と断っていました。どんな病気を持っているかわからないし、ウチらもこういう仕事してるから『お互い怖いでしょ』って。

プレイ時間は、フツーは60分。それ以上を求めてきたら倍の金額をもらった。なかには朝までいてっていうお客さんもいて、そういう場合は5（万円）をもらっていました。ちなみに『1万円でブーツのニオイを嗅がせて』って言ってきた変態オヤジもいましたよ。セックスもせずに1万円もらえるのはオイシイけど、何か危ないと思ったから『ごめん。私、ウリ専なんで』と断った。

そうして犯罪の匂いを感じたら引くようにしてましたね。客はお金を払ってるけど、カラダを売るのはコッチだから、結局、立場的にはウチらのほうが上です。若いコのカラダを自由にできるんだから『それくらい出せよ！』くらいの上から目線で交渉してました。

もちろん、いつかパクられるんじゃっていう怖さはありました。でも対策がありました。私服（警官）は歩きタバコができないから、タバコを吸っていたらセーフです。あとはマスクでやたらと顔を隠したがっている人だったり、一定の距離を開けて歩いている集団に注意したり。ほら、警察はひとりで来ないから。話しかけられて怪しいと思ったら『ちょっと胸触って』ってカマかけましたね。私服警官は絶対に触れないし、それでも判断に困ったらホテルに行くまでもわざと手を繋いでその反応を見て対策をしていました。ニヤニヤし始めたら客だと思うし、変に拒んだら危ないと判断してその場で『コンビニ行ってくる』とかテキトーな理由をつけて撒いたり。すべてキャップの男の人が教えてくれました」

こうして華奈江は50人以上とセックスをした。「ハッキリとは覚えてない」というが、少なく見積もっても200万円は稼いだことになる。

稼いだカネは、多くは目先の欲望を充足させるべく、洋服を衝動買いしたり、豪華な焼き肉を食べたりして散財した。弱冠16歳にしてはありえないほどの大金を手にし、日々の生活は華やいでいったが、そのぶん、股が裂けたり性病になったりとカラダは悲鳴をあげるようになった。

それでもカラダを売り続けた理由は、あくまでカネだ。

「客とか彼氏とか関係なくセックスは好きじゃない。別に気持ち良くないし、擦れて痛くなるだけだし。だから本当にお金のためだけにやってた。

初日は1本しか付かなかった。愛想笑いしたり、感じてるフリをしたり、常に演技をしてなくちゃいけないから、とにかく（オジさんに抱かれるのが）嫌で、『あっ、風俗ってこんなにキツいんだ』って思った。でも、終わって2万5千円もらったとき、『こんな短時間でコレだけもらえるの、ヤバくない？』って心が晴れた。で、家に帰って計算したんです、『4人我慢したら10万じゃん』って。

（オヤジとセックスする）抵抗？　どんなにお金を積まれてもありました。でも、金額が高かったらあんまり嫌な顔をしないようにと、演技で感じてるフリをしてやり過ごしていました」

寒空のなか路上に立ち、買われればそのままラブホテルへ。いつしか沈痛な思いに苛まれるようにもなった。

「毎日オヤジとセックスしてると、さすがに病んでくるんですよね。それで衝動買いに走っちゃう、みたいな。だからお金は貯まるようで貯まらなかった。

やっぱり精神的に辛かった。それで、別に16のいまやらなくてもいいかな、18になればいくらでも風俗で働けるしって思うようになって、やめた。

実は簡単にはやめられないかもって思ってた。だって相手はヤクザだから。でも『実家に帰らなきゃいけなくなったんですよね』と、テキトーな理由をつけてやめると言ったら、『うん、わかったよ。また気が向いたらおいで』と、アッサリ。以降は連絡も来ません」

ヤクザからすれば、たとえカネになる貴重なコマであったとしても、無理矢理にまで華奈江を引き止めるメリットなどまるでない。非合法な少女売春を組織化することは、摘発のリスクと背中合わせであり、迂闊に行動を起こせば強要だ何だと警察に駆け込まれかねないと考えているからだ。強要は逆効果となり、連帯は緩やかなまま、この現象はしばらく続くのだ。

○ピルを飲んで客を引く女子高生、純連（17歳）

華奈江のように友達からの紹介ではない場合、誰もが思う疑問のひとつが〝現在地〟で街娼になるまでのルートである。次に話を聞いた純連（仮名）は、その謎を解くべき重要なサンプルになるだろう。

純連は高1で覚えた出会い系サイトでの援助交際を経て、地元である神奈川県下の援デリグループに所属。そのあとに流れ着いたのが〝現在地〟だった。

ネットを使えばいくらでも援助交際が手軽にできたこの時代に、なぜ少女たちはリスクの多い路上に立ったのだろうか。純連は僕の問いに、「より手軽さを重視した結果」だと言った。

「だって面倒くさいじゃないですか。何度もメールをやりとりするのがダルいし、それに待ち合わせの場所で、相手が私のことが好みじゃないと、遠くから顔だけ見てすっぽかされるし。実際はほとんどお金にならないんですよ。

働いていた援デリが摘発されて、援デリ時代の人脈でキャバなら潜り込めるアテがあったけど、時間通りに出勤するとかの規則が厳しくて働く気になれなかった。もちろんフーゾクは年齢的に無理。だったら街で立つほうが手軽に、しかも確実に稼げるかな、と」

純連が歌舞伎町にやってきたのは、出会い系サイトでの援助交際の待ち合わせがきっかけだった。指定されたハイジア周辺で待つと、「遊べる？　いくら？」と見知らぬオヤジに声をかけられた。

そのオヤジのことは無視したが、結局、約束していた援助交際相手は現れず。ハイジアが立ちんぼの巣窟だという知識は、そのとき見知らぬオヤジから聞いて知った。それならということで立ちんぼのひとりに接触すると、キャップの男に話を通すことを教えられ、自ら志願して華奈江と同じ〝組織〟に入った。

「やり方は簡単。路上で客取ってもいいし、キャップの男の人から『出会い系で客を捕まえた』と、電話で呼び出されてセックスすることもある。何より、根がだらしない私の性格に合ってる仕事だった」

こうして地方の少女が歌舞伎町に遠征して〝現在地〟が路上売春の巣窟であると知ることは、決して特異なことではない。純連の取材から数年後に話を聞いた、1万5千円で春を売る自称看護師の女性（27歳）の証言が思いだされる。

「ホストクラブで遊んでいる友達を待っていたらオヤジに声をかけられ、飲みに行っただけなのに5千円もらえた。そのとき、ここが売春する場所だと教えられたの」

味を占めた自称看護師は再びこの地に立った。カネにつられ段階を踏み3ヶ月前、ついに売春に手を出した。

同時期に取材した自称29歳のフリーター女性も、友達と待ち合わせをしてこの地に立っていたところ、オヤジに色目を使われ、ナンパだと思えばカネをくれるとわかり、立ちんぼをするようになったクチだった。

「10分も立てば3、4人の男に声をかけられますよ。今日は飲み代を使い過ぎちゃったから少し援助してほしいな」

遊び感覚なのか、まるでナンパのように軽いノリで商談された記憶が僕にはある。こうして歌舞伎町では素人たちが平然と春を売っている。その多くは「時間潰し」など何気ないきっかけから、好事家たちの誘いに乗る形で悪事を覚える。

話を戻そう。純連の売春相場は1万5千円～2万5千円。ケツ持ちは、純連に路上で客を取らせながら、同時にサイトでも客を募り援デリのごとく斡旋もした。もちろん背後には〝組織〟がひかえている。

「他の子はゴム有りだけど、私はナマでやってます。ピル飲んでるし。ほら、ナマだと客が付きやすいんですよね。前に一度、中出しされて8万とったこともありました。『ヤクザの人に言うよ』って脅したら、『財布の中身全部で勘弁して』ってことになってラッキー、みたいな」

両親は共働き。経済状況は「中の中くらい」で、家庭に不満はないが、姉が一流大学に進学。以降、親は純連に関心を示さなくなり、高校を中退するなど自由気ままに生きるようになったという。

純連の体型は太っている部類に入る。加えて全身から漂う気だるさのせいか、容姿はお世辞にもいいとは言えない。

終始投げやりな態度が消えない純連が1日に稼いだ最高額は、ナマ中出しの代償として手にした8万円だ。普段は、客がひとり付けば御の字だという。純連は言った。

「ぶっちゃけ日に5千円しか稼げなくてもゴハンは食べれるし、それに、ネットカフェにも泊まれるから」

華奈江は地元の悪友から半ば騙される形で街娼になった。純連は好事家から声をかけられたことで内情を知り、「手軽に稼げる」という理由だけで自ら路上に立った。現役高校生世代が立ちんぼになるという特異な現象は、まるでウイルスのように人から人へ、友達から友達へと感染し、やがて、〝現在地〟は少女売春の温床と化した――。

組織が一掃されたのは、ふたりの取材から約1年後、2013年春のことである。マスコミに騒がれたことで「女子高生立ちんぼ」が社会問題化し、警察による一斉捜査があったのだ。言うまでもなく街娼、ましてや少女が路上売春するなどけしからん、というのがその理由である。

売買春の是非は個人の判断に委ねられている部分があるが、当然、未成年者が路上で客に色目を使う状況がまかり通っていい、はずがない。ゆえに、少女たちは補導の対象になり、年齢や頻度などから悪質と判断された場合は鑑別所に送られた。

特に驚きはなかった。というより、2012年夏のピーク時には10人強がたむろしていたことのほうがありえなかった。

2013年秋、大阪・梅田は兎我野町にも「女子高生立ちんぼ」が出現した。これも僕なりに整理すると、当時はまだＪＫビジネス黎明期であり、少女たちにＪＫビジネスという選択肢がなかったという意味合いが強い。

年を跨いだ２０１４年は、アメリカ合衆国国務省が纏めたレポート『人身売買に関する年次報告書』によりＪＫビジネスの一ジャンルである「ＪＫお散歩」が売買春の温床として注目が集まり、さらに「ＪＫビジネス」という単語がユーキャン新語・流行語大賞にノミネートされたことで広く知られたこともあり、売春の土壌が、より身近なＪＫビジネスに成り代わった年でもあった。果たして兎我野町も警察当局により一掃された。だが皮肉にも、やることの中身は売春に違いはなかったのである。

そして――。２０１３年春に現役高校生世代が排除された〝現在地〟には、再び好事家たちが売春目的で集うようになった。むろん看過できない問題であり、警視庁は「路上で売春する女が増えている」として、２０１３年12月に集中取り締まりを行い、売春防止法違反の疑いなどで日本人女性24人を逮捕するなど、その後もスクラップ＆ビルドを繰り返したのだ。

○街娼・仲間割れによるリンチ殺人事件（2014年5月）

新宿区のマンションで、中野区在住の山田裕子さん（仮名、当時31歳）が、街娼仲間から鉄パイプで殴ったり蹴ったりの暴行を受けて死亡した事件だ。

搬送先の病院で息を引き取った山田さんへの傷害容疑で職業・住所不詳の中村詩織（仮名。当時26歳）、無職の新井美穂（仮名、当時20歳）、藤川洋子（仮名、当時20歳）の3人が逮捕されたのは、5月21日のことである。のちに沢田ひろこ（仮名、当時43歳）と練馬区の無職・福澤太郎（仮名、当時34歳）も共犯として逮捕されている。凶行の現場は、沢田ひろこ以外の女3人が5月から共同生活を始めていた歌舞伎町近くのマンションで、主犯格は中村詩織だ。

3人から「息をしていない」と119番通報があり、救急隊員が駆けつけたのは、5月20日の夕方のことだった。吐しゃ物にまみれた布団に寝かされていた山田さんの顔面は、めった打ちにされて無残に腫れ上がり、背中にも暴行による巨大なアザができるなど救急隊員も目を背けるほどの惨状のなか、すでに心肺停止の状態だった。

そして女たちは、数にまかせて鉄パイプや素手でところかまわず山田さんを殴りつけ、足蹴にし、熱したヘアアイロンを押し付け、その様子をインターネットの動画投稿サイトで生中継までしていたことがのちに明らかになる。主犯格の中村詩織が「悪口を言われ、腹が立ったのでやった」と供述しているように、凄惨なリンチはささいな悪口を言った言わないの口論から始まり、果ては、山田さんは無残な死を遂げたのだ。

まだ写真週刊誌『FRIDAY』の記者を続けていた僕は当時、この事件も追っていた。取材を進めると、3人は歌舞伎町の出会いカフェや〝現在地〟で春を売る街娼仲間で、死亡した山田さんもその一味であったことがわかった。山田さんの親族は言う。

「裕子は生まれてすぐに父親が蒸発したため、3歳くらいまで児童養護施設に預けられていました。その後は母と10歳上の姉との3人暮らしでしたが、彼女が12歳のときに母親が病死し、姉とふたりで苦労を重ねて必死に生きてきたんです。やがて歌舞伎町に出入りするようになり、ホスト遊びにハマって、親戚からも借金を重ねるようになりました。

そこで今回、逮捕された悪い仲間と知り合ったようです。大久保公園付近で裕子が立ちんぼ風の女性と談笑しているのを見かけたこともあります。ずっと家族も友達もいない人生だった裕子が、笑いながら、『やっと居場所を見つけたよ』と言ったのが忘れられません。そのときに『がんばれよ』と言って別れたのが最後になりました」

さらに取材を進めると、街娼行為や出会いカフェでの売春を繰り返していたばかりか、裏稼業の元締めの下で援デリにまでも手を染めていた。ある客引きは、歌舞伎町のホテル街で山田さんや中村詩織らが男を連れて歩いている姿を何度も目撃していたのである。

その後、一味は売春で稼いだカネでホスト遊びに興じていたことも明らかになった。あるホストは言う。

「中村詩織を筆頭に、仲間で毎晩のようにホストクラブに出入りしていました」

それにしても、売春だけで毎晩飲み歩くだけのカネが得られていたのだろうか。当時26歳の中村詩織にしても他のふたりにしても、これだけ派手に遊んでいたらカラダを売るだけでは十分な実入りがあったとは思えない。

そこで判明したのが、別ルートからの実入りがあったということだ。前出のホストは続ける。

「彼女（中村）の収入源でいちばん多かったのは、ホストの売掛金の回収でしょう。ビジュアルがよくないから、ホストもあまり相手にしたがらない。だからこそ、ホストに代わって客の未払金の回収なんてエグイことをやっていたんじゃないか。カネにもなるし、ホストに恩も売れる。一石二鳥だったんですよ」

通常、闇金用語で「キリトリ」と呼ばれるこの手の債権回収業務を女性が担うことはない。しかし中村詩織は腕っ節に相当の自信があったようで、女だてらに債権回収業務をしていたようだ。

事実、中村詩織をよく知る風俗店関係者は次のように答えている。

「詩織は中学時代は柔道部で鳴らしたというのが自慢で、完全に体育会系のノリだった。上下関係だの挨拶だのにうるさくて、詩織に睨まれたら、どんな人でも震え上がりますよ」

中村詩織は、ふたりの子を持つシングルマザーでもあった。東京地裁は沢田ひろこ被告に懲役9年、中村詩織被告に懲役6年6月、藤川洋子被告と新井美穂被告に懲役6年の有罪判決を言い渡したことも、最後に記しておこう。

○看護師やキャバ嬢がアルバイト感覚で春を売り始めた（２０１４年６月）

先に記したように２０１３年12月、大久保公園周辺の街娼24人が逮捕された。彼女たちは、１日５千円のみかじめ料を払い毎日のように立つ、いわゆるプロだった。

これにより同地の街娼たちは一時的に一掃され、それからしばらくはほぼ無風状態が続く。だが、すぐに嵐は吹き荒れる。プロたちがいないのをいいことに、看護師やキャバ嬢たち素人が代わりに立ち始めたのだ。

もちろん僕はこの現象も取材をしている。週末の夜８時、20代後半と思しき女性がひとり、またひとりと現れる。30分後には、年増の外国人女性を含め計４人になった。それに呼応するように男たちも増えてきた。

ワンピースに身を包んだ20代後半と思しき黒髪の女性に声をかける。

「こんばんは。遊べる？」

「うん、まあ」

「仕事とか何してる子なの？」

「昼は看護師。ちょっとお小遣いがほしくて」

そう言うとすぐに、黒髪の女性は笑顔で商談を切り出してきた。

「2（万）くらいほしいんだけど、大丈夫ですか」


別の女性にも話を聞く。

「遊べる？」

「泥酔してたり、汗臭いデブとか汚いファッションのオジサンは無視するけど、お兄さんならいいよ」

「いくら？」

「10分もいれば2～3人に声をかけられるよ。イチゴー（1万5千円）でもいいけど、キスはNG。フェラはプラス3千円かな。手コキだけなら7千円でもいいよ」

彼女は22歳。普段は地元の埼玉でキャバ嬢をしていると話す。みかじめ料について問うと、ヤクザ風情に求められるも「人待ち」「ナンパ待ち」と嘯《うそぶ》けば、深くは追求されなかったという。

看護師やキャバ嬢までもが立つ時代になった。みかじめ料にしても、アルバイト感覚で立つ素人たちが増え始めたことで徐々に形骸化していく。みかじめ料を徴収するにしても、常に立っているわけではないので、ヤクザからすれば相手が顔見知りでもない素人となると街娼かどうかの判断は難しい。実際、現場の前にマンションや専門学校もあるため、暇つぶしや人待ちしているだけの場合も少なくない。「友達を待っているだけ」と断ると、それ以上は追求されなかったと、みな口を揃えた。

多くは歌舞伎町を回遊するなか、街娼だと思い声をかけた好事家たちから知らされてここに来ていた。〝現在地〟である。

2020年代～新型コロナウイルスが猛威を振るい始めてからは

コロナ禍前の2018年秋から警視庁は、街娼の取り締まりと並行して指導を始めた。捜査員が売春経験や金銭状況などを聞き取り、女性の了解が得られれば後日、新宿区生活福祉課など自治体の福祉窓口に繋げる。その前年２０１７年の摘発は計53人。全国で摘発された４分の１近くを占めるという。

２０１９年には全国で売春防止法違反（勧誘など）の疑いで２６２人（うち再犯者は61人）の街娼を検挙する。ちなみに同年11月22日に中国で初めて新型コロナウイルスが確認、翌２０２０年１月には日本でもコロナが猛威を振るい始めた。

大久保公園周辺にいた18〜53歳の女性22人を売春防止法違反の容疑で一斉補導したのは、２０２０年12月。このうち無職が36％を占め、７人が自治体などの支援に関心を示した。コロナ禍になり「満足に稼げないから」という理由で路上に立ち始めた女性もいた。

以下、それらを示したトピックである。新聞報道などを元に伝える。

◯街娼・コロナで困窮して負の連鎖（２０２１年５月）

街娼を福祉に繋ぐ取り組みに警視庁が力を入れていることを『中日新聞』が報じる。売春防止法違反で摘発しても起訴までには至らず、摘発しても、コロナ禍で貧困を抱えるなどし、生

活費を稼ぐために再び路上に立つケースがあるためだという。（以下略）

○「売春」摘発から生活支援へ（２０２１年９月）

『毎日新聞』も街娼を福祉に繋げる取り組みについて報じている。

警視庁幹部は、「売春防止法に基づいて摘発しても、再犯者が多いのが実態。経済的な理由で売春をするケースが多く、取り締まりだけでは根本的な解決にならなかった。そのため、摘発とともに行政と協力して生活支援も重視するようにした」と理由を説明する。（以下略）

○27歳女性教師「立ちんぼ」で逮捕（２０２１年９月）

前代未聞の摘発だった。区立小学校に勤務する女性教師（当時27歳）が、売春防止法違反で2度にわたり逮捕されていたことが発覚したのである。

この女性教師の逮捕理由の中身が、大久保公園での街娼行為で、趣味のバンドの追っかけ費用や洋服代にクレジットカードを使い込み消費者金融にまで手を出して借金を重ね、それが総額300万円に膨れ上がり首が回らなくなった果てだった。

しばらくは借りたカネをそのまま借金の返済にあてる自転車操業を繰り返していたが、ほどなく路上に立つようになる。きっかけは2020年2月ごろ、顔見知りの風俗スカウトマンから「手っ取り早く稼げる仕事がある」と紹介されたことだ。

いざ路上に立つと稼げることを実感し、逮捕されるまでの数ヶ月は週2〜3回、客を相手に売春するようになった。露出度の高いファッションに派手めのメイク。報道によれば、およそ教員とは思えず、違和感なく〝現在地〟に馴染んでいたという。

結局、いつものように大久保公園に立っていた女性教師は、客引きした男性が警視庁の私服警官だったため現行犯逮捕。

「もう教師を続けられるとは思っていません」

そう話した言葉どおり、都教育委員会は9月13日付で女性教師を懲戒免職にした。

○「トー横」一斉補導（2022年7月）

女性教師の立ちんぼが逮捕された事件はネットニュースでも報じられた
（『NEWSポストセブン』2021年9月26日配信より引用）

NEWSポストセブン
FOR ALL THE NEWS-LOVERS

トップ　ランキング　新着　カテゴリー　無料マンガ　関連サイト　タレコ

トップ › 国内 › 「先生には見えない」歌舞伎町“立ちんぼ”逮捕　女性教師の変貌ぶり

国内　　2021.09.26 16:00　NEWSポストセブン

「先生には見えない」歌舞伎町“立ちんぼ”逮捕　女性教師の変貌ぶり

客を引いた女性が逮捕、懲戒免職処分とされた（写真はイメージ）

本題からは少しそれるかもしれないが、〝現在地〟を説明するには、やはり「トー横」の状況も加えなければならない。

少年少女が夜ごと集う新宿歌舞伎町の「シネシティ広場」界隈、通称「トー横」。７月18日、警視庁による〝一斉補導〟が行われ、18歳未満の男女25人が補導された。

集団リンチに遭い死亡する事件に、ホテルからの飛び降り自殺――。これまでたびたび事件が起こってきた「トー横」は、犯罪の温床になっていた。違法ドラッグに手を出したり、売春して遊ぶカネを稼ぐ少女も少なくない。

〝現在地〟に倣ったのか、少女たちの売春相場は１万５千円前後で、近くで春を売る大人たちと大差ない。買春目的の好事家たちからすれば、未成年を安く買える格好の猟場だった。

この一斉補導などにより、いま「トー横」は浄化に向かっている。だが、少女たちの一部は大久保公園に流れ、大人にまぎれて春を売るのだった。

〝現在地〟までの道のりは出揃った。夜鷹に始まりＲＡＡ『芙蓉館』、そしてハイジア誕生だ。公娼制度の廃止や売春防止法にしても、街娼たちに大手を振って商売をする口実を与えただけだった。

そして次に押さえるべきは、本書の冒頭でも紹介した、いまの〝現在地〟のありえない現象である。どこにでもいそうな二十歳そこそこの女性が、あけすけに路上に立って春を売る。彼女らはどこからやってくるのか、なぜ街娼行為に手を染めるのか。次の取材先は自ずと決まった。

第5章

ヤクザに拉致られた女

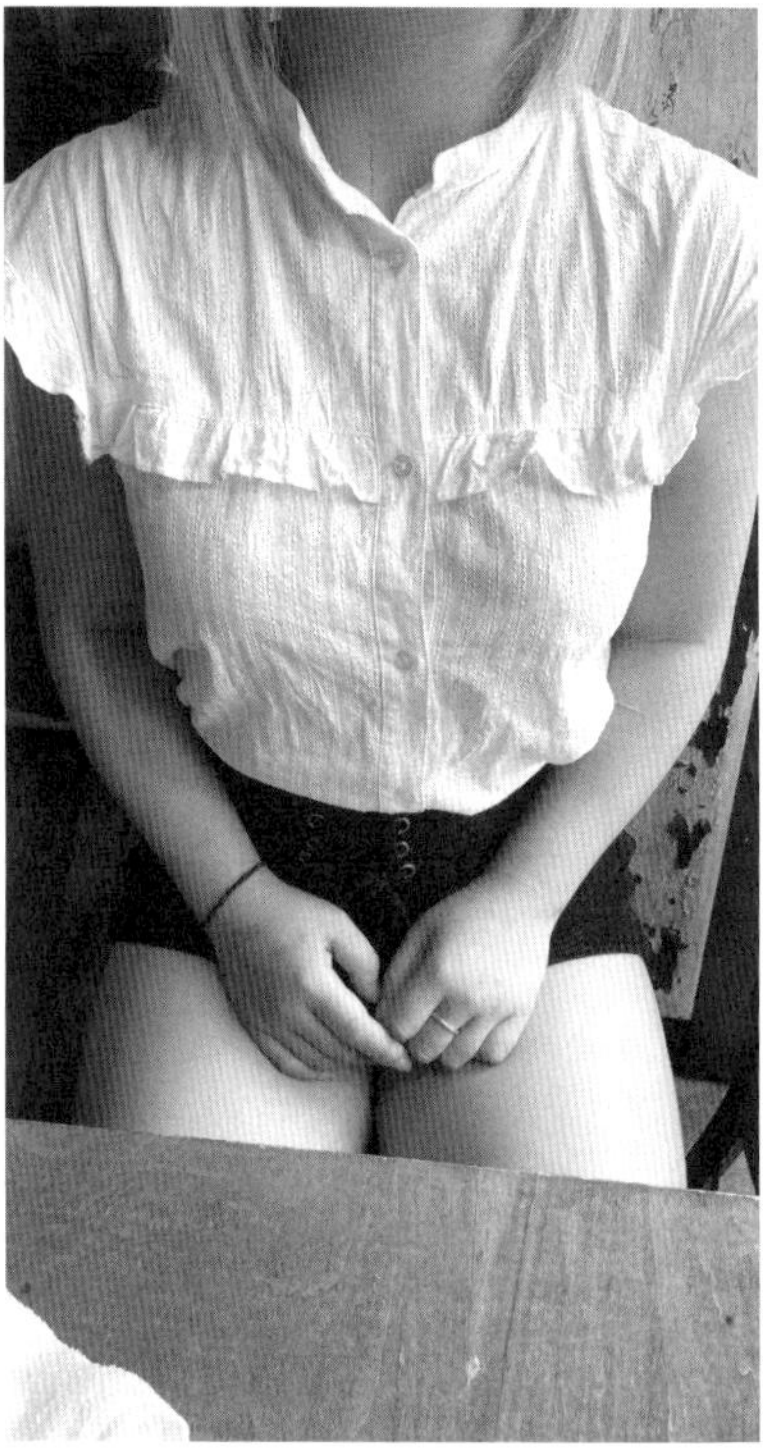
梨花

梨花（21歳）

ホストの9割はヤクザとの付き合いがある

夜の新宿歌舞伎町の生態系を記した記録がある。

新型コロナの猛威で東京に緊急事態宣言が出された２０２１年7月に、歌舞伎町を根城とするヤクザ組織の幹部の男と会い、夜の街の変化を聞いたときの取材メモだ。

「末端の者は国の給付金詐欺に食い込んでいる。しかし、それで補《おぎな》えるほどの上がりがあるかと言えば、実際には歌舞伎町のホストクラブやキャバクラ、風俗店、非合法店（裏カジノ店や本番風俗店）などからのカスリ（みかじめ料）や売り上げからの分配金が当然ながら減っている状態で、全体的には疲弊している」（ヤクザ組織の幹部の男）

発端は「コロナ禍で夜の店が窮地に。みかじめ料をめぐりヤクザも疲弊」というような内容の報道を受けて、新型コロナを起点とした裏稼業への影響を問うものだった。

これが思わぬ副産物を産んだ。やはり歌舞伎町の食物連鎖の頂点には相も変わらずヤクザが君臨していることがわかったのだ。

「だからといって夜の街はいまもヤクザが仕切っている。歌舞伎町の勢力図が変わることは決してない」（ヤクザ組織の幹部の男）

街娼たちからみかじめ料を徴収される話がほとんど聞かれなくなったことはもとより、2011年10月1日に東京都暴力団排除条例が施行されて以降は夜の街のヒエラルキーの頂点はヤクザから警察に変わりつつあるという肌感覚だったせいか、僕は驚きを隠せなかった。

ヤクザ組織の幹部の男は、みかじめ料について「コロナで閉店した、しないにかかわらず、店のオーナーとヤクザ個人との付き合いだ。だから一律全部取っている、ヤメている、という関係ではない。もちろん減額や猶予をしたりする場合はあるが」と言った。

潰れた店もあるため、無いところから取ることはできないのであり、夜の店からの売上金の分配が少なくなったことは当然だろう。減額や猶予は、夜の街で共生する者同士という、ある種の共犯関係からくるものと言える。

そこでヤクザ組織の幹部の男は「オーナーとの付き合いもあれば個人レベルの付き合いもあ

る」というホストクラブ業界の特異性を話すなかで、どころか「個々にケツ持ち関係が交わされている場合も多い」と明かすのだった。店は組織Aが面倒をみているが、ホストBは組織Cが、ホストDは組織Eが面倒をみている。そうしてヤクザとホスト業界は深い関係にあるので、店の売り上げからの分配金は組織Aに納められるが、ホストBのケツ持ち代は組織Cへ、ホストDのケツ持ち代は組織Eへといった具合に、複雑に入り組んでいるというのである。

納める金額はヤクザ個々の裁量によるというヤクザ組織の幹部の男に、いったいどれほどのホストがヤクザとケツ持ち関係にあるのかと問うと、驚きの数字を明かした。

「ホストに限って言えば他の業種より個人個人の付き合いが色濃い。そうだな、カスリの関係ではなく付き合いのある人間で計算すれば９割は間違いない。大半は何かしら相談できるヤクザと付き合いがある」

〝ヤクザが育つ街〟と言われる歌舞伎町では、そうしていまも数千人規模のヤクザがメシを食っているという。

ホス狂いと売り掛けの問題に目をつむるな

ホストクラブには、「売り掛け」と呼ばれる制度がある。シャンパンなど注文して高額になった飲食の代金を、返済期日を取り決めていったんは猶予してもらい、あとから支払う方法だ。銀座の高級クラブなどでは昔から同様の制度が優良客への〝サービス〟としてあり、それは企業が接待に使った毎月の支払いをまとめて後払いするためのものだったが、ホストクラブでは個人の女性客に背負わせる形に変化した。

この売り掛けにホストで遊ぶ女性たちが期待したのは、いまは手持ちのカネがないが1ヶ月後には入金の見込みがあるといったように、返済能力があるからこそ、この制度を利用することだったはずだ。だが、現実に担当と客との間で横行しているのは「半強制的な借金」。これでは飲食店の〝サービス〟ではなく、現段階では返済能力がないにもかかわらず、それでも貸し付ける闇金のやり口だ。事実、ホストの口車にのせられ意図せず売り掛けしてしまい、やむを得ず学生やＯＬから風俗業界へと転じる女性も少なくない。

確かに売り掛けは、返済期日までに女性がカネを用意できなかったり女性に飛ばれたりした場合、ホスト個人にそっくりそのまま店への借金としてふりかかってしまう諸刃なものではある。しかし闇金業者がそうであるように、ある程度の容姿スペックの女性であればカネを作ってくることなどわけないとホストは考えている。斡旋とまでは言えないかもしれないが、地方のデリヘルなどに少しの間「出稼ぎ」に行くように仕向け、そこでみっちり働き大金を持ってこさせたりするのが、売り掛け回収の常套手段だ。

こうした知識があったため、僕はホストに対してあまり良いイメージがない。しかし現状は、ホストにハマって多額の借金を作り、身を粉にして働く女性たちを「ホス狂い」と括り、まつりあげている。

ここで、改めて「ホス狂い」について説明したい。

「ホス狂い」とは、文字通りホストに狂ってしまった――ハマってしまった女性のことを指す。

〝狂う〟＝常軌を逸するまでに、となるわけで、かわいそうな存在を連想しがちだが――いや、実際の状況はどう見積もっても不幸であるとしても——いまや悲壮感などいっさい見せず「私はホス狂いである」と自称して、ホス狂いになった経緯や担当に使った金額の誇示やその矜持、愛情、憎しみ、不満、不安などの内情をSNSなどでひけらかし、共感を得たり優越感に浸るなどして承認欲求を満たすのがトレンドだ。

その「ホス狂い」の世界を描いた漫画に、『明日、私は誰かのカノジョ』（をのひなお・小学館）がある。累計500万部超のベストセラーになりテレビドラマ化までされるなど、ホス狂いだけではなく一般女性も巻き込み大きなムーブメントになっている。

つまりいま、幸か不幸かホストという職業がマスコミでもてはやされている。彼女たちは自ら望んでホストに大金を使っている。それで幸せ。そうホス狂いを評した意見があるにしても、売り掛けの問題をただすどころか目をつむるようなふるまいは、はなはだ疑問だ。

抱いていた悪印象の輪郭がはっきりとしたのは21歳の街娼・梨花（仮名）にインタビューしたなかでのことだった。幼い顔立ちで、体は肉感的。短めの金髪で、白いブラウスに黒の短パン姿には、美容系の専門学生にいそうな雰囲気がある。

〝現在地〟の状況を簡単に整理しておこう。これまで30代から60代の比較的、歴が長い古株の街娼たちが中心だったが、2022年夏ごろからは10代後半から20代前半の新顔たちが大挙して立つという問題がクローズアップされつつあった。どういう経緯かまでは窺い知れないが、職安通り側に立つ古株たちと区別されるように新顔たちは大久保病院側を好んだ。この棲み分けは不思議といまのいままで続いている（2023年6月現在）。

2022年7月。平日の昼間――。気怠そうな顔をして大久保病院側に立っていた新顔の梨花は、約半年前にホストにハマり売り掛けをしてしまい、借金返済のためここに流れ着いた。そう話した直後、梨花は苦笑しながら言った。

「まあ、よくあるパターンだよね」

これまでの取材経験からすれば、確かによくある話である。そして僕が「またか」と顔をしかめたのも事実である。だが、先に記したヤクザとホストの色濃い関係を補強するように、梨花には借金返済のなかでヤクザに拉致られほだされの経験があったのだ。

「もともと私は病気と障害を持っている」

梨花は昼過ぎから夜9時ごろまでほぼ毎日路上に立つ街娼で、ハイジアの地下1階にあるネットカフェ『アプレシオ』暮らしをしていた。実家は都下・町田の3Kアパートで、親はふたりとも健在なうえ、子沢山でもない。母26歳、父27歳のときに生まれた一人っ子だ。だが梨花の父親はコンビニ店員などのアルバイトを転々とする、ロクに定職にも就かず消費者金融で借金を重ねるパチンコ三昧の男で、その生活苦から梨花は幼稚園にも保育園にも通わせてもらえなかった。ついに梨花が小2のころには生活保護を受けるまでに。生まれてこのかた、ずっと貧乏暮らしを強いられてきた。

「もともと私は病気と障害を持っている」と梨花は話した。若干の斜視と、軽度の知的障害である。一見すると梨花は、斜視も言われるまで僕には気づけなかったし、質問に対する受け答えもハキハキしていたしで、貧乏暮らし以外はどこにでもいそうな21歳に見えた。だが、勉強がすごく遅れていて、小2より普通学級から離れて特別支援学級で学校生活を送るような子どもだったと話す。とりあえず高校までは行かせてもらったが、入学したのはやはり町田市内の特別支援学校で、それもほとんど出席しなかった。いわゆる不登校だった。

梨花には同じ中学校に、中3の終わりごろから付き合う同い年の彼氏がいた。梨花はその彼氏のことが本当に好きで、ゆくゆくは結婚を考えていたという。しかし別々の高校に進学し、ふたりは離れ離れになると、梨花はあっさりフラれてしまう。そして失恋をきっかけに、精神を病みリストカットを繰り返すようになった。「この人がいないなら私死ぬ、みたいな」と梨花が話したように、精神安定剤の大量摂取、いわゆるODもしたが、ついに死ねなかったという。

それだけ本気の恋だったが、時がたてばなんとやらで、アルバイトで貯めたカネで金髪に染めたりピアスをあけたりしてそれなりに楽しい高校生活を過ごした。

「もう完全にオトコ依存症。恋愛してないともうだめ、っていう」

相手がカラダ目当てであっても、一緒にいてくれさえすればそれでいい――。タガがはずれた梨花は、手当たり次第に男漁りをしたことで、若いカラダという武器を使えば男は優しくしてくれることを知ったのである。

高校卒業から1年半ほどして歌舞伎町で遊ぶようになった19歳の梨花は出会いカフェの存在を知り、自然、周囲に流されるようにして売春を覚えた。コンドームは着用しないが膣外射精をしてもらう〝生外〟を条件に、1回1万5千円から2万円で若いカラダを売った。同時にマッチングアプリでの男漁りにも目覚め、そこでひとりの男と知り合い交際する。ホストの集客方法は2013年に施行された『新宿区公共の場所における客引き行為等の防止に関する条例』により、ここ数年で路上でのキャッチからツイッターやインスタグラム、マッチングアプリなどのSNSに様変わりした。それを知ってか知らずか、その彼氏が「たまたま売れないホストだった」と梨花は話した。

単にそのホストから「本営」を掛けられただけではないのか。本営とは、ホストが客にしたい女性に対して「本命の彼女」を装う営業方法で、表向きは恋愛感情があるような態度を取っているに過ぎない。つまりは本命の彼氏のように振る舞ってはいるが、店で〝彼氏〟を指名してそれなりのカネを使わなければ関係は続けてくれないという利害をともなう。

梨花はやはり、ほどなくその〝彼氏〟に「ちょっと来てよ」と店に誘われた。それも一回だけでなく頻繁にだ。月平均35万ほど出会いカフェでの売春で稼いでいたが、気づけばそのほとんどを〝彼氏〟が働く店で使うようになっていた。

果たしてそれは本当の〝彼氏〟なのか。それを問うと、

「いや、別に本営でも私は好きだったから」と、愛情と怒りとが交錯したような表情をした。

梨花がこのあと街娼にまでなるストーリーは、マッチングアプリで出会ったときから、すでにそのホストにより描かれていたようだ。

「『シャンパンおろして』って言われて、『出稼ぎで稼いでからだったらいいよ』って断った。なのに『イベントだから頼む』って、強引にシャンパンを入れさせられた。私が曖昧な返事をしたのもいけなかったけど、ほぼほぼＯＫしてない状態だったのに」

結果、梨花は60万円もする高級シャンパンを売り掛けでおろす（ホストクラブではシャンパ

ンを注文することを〝おろす〟と言う）ハメになる。そのころには出会いカフェでの売春だけでは彼氏の店で遊ぶ生活が追いつかなくなっていた梨花は、出会いカフェの売春仲間から出稼ぎすればまとまったカネが得られることを知り、千葉のデリヘルに3週間、山梨のデリヘルにまた3週間と出稼ぎを繰り返していた。

客入りに対して女の子の数が間に合っていない地方の繁盛店は、客を優先的に付けてくれたり、1日3万円前後の「最低保証金制度」を採用して出稼ぎ嬢を集めている場合も多い。そこで梨花は、次の出稼ぎ先は1日2万5千円の最低保証があること、寮費を3千円引かれても「1日平均6万円くらいは稼げるよ」と店長から言われていることを〝彼氏〟に話してしまっていた。

〝彼氏〟が梨花に売り掛けをさせたころは恋に盲目になっていた時期で、梨花は「ホス狂い」に育ちつつあった。〝彼氏〟からすれば梨花をハメるなど訳なかったことになる。

「多少強引でもみんなやっちゃってますね」

客に売り掛けをさせることについて、あるホストはそう話した。

若ければ、カネを回収する方法などいくらでもある――こんなドミノ倒しの悲劇があちこちに拡散している――梨花もそのひとりに過ぎなかったのだろう。

――その売り掛けはどうしたの？

「そのことをきっかけに、〝彼氏〟に対して急に冷めちゃって、飛んだ」

〝飛ぶ〟とは、売り掛けを払わず逃げることを意味している。

――どうやって？

「名古屋に行った。で、出稼ぎしながらまた名古屋のホストとしばらく遊んで気を紛らわしてた」

――逃げ切れたんだ。

「ううん。そしたら、名古屋のホストとウチが掛けを飛んだ〝彼氏〟が実は繋がってて、裏を使って拉致られた」

――〝裏〟って？

「ヤクザみたいな人です。で、出稼ぎで稼いだ35万円と、これ以上逃げられないようにスマホとカバンも没収、みたいな。ホストはそこまでやるんだよ。スゲエよ。諦めるホストも多いって聞いて軽い気持ちで飛んだけど、その人はトコトンまで追いかけるタイプだったみたいで」

そこから東京へ戻され、〝彼氏〟に監視されながら出会いカフェでの売春で残り25万円の借金返済の日々は始まり、いまに至る。公園を知ったのは、やはり出稼ぎを教えてくれた出会いカフェの売春仲間からだった。

25万円などすぐに返せると思っていた。だが出会いカフェでの売春を覚えてから数ヶ月が過ぎていた梨花は、好事家たちからすでに〝ベテラン嬢〟とみなされていた。

だからというわけではないが、客が思うように取れなくなっていた梨花は、「ならやってみようか、みたいなノリで始めた」と振り返る。

あとに詳しく記すが（216ページ参照）、そのころ公園は、街娼の素性や売値を記したある好事家のツイートがバズり、女の子と買春客とで溢れかえっていた。

「多い日で４人とか５人とか。（売値は）１（万円）とかイチゴー（１万５千円）とかで。最近は、今日あまり客が付かなそうだなって思ったら、ホテル代込みで１万とかに値下げして、とりあえずネカフェ代やメシ代を確保するとかはあるけど」

――でも、その金額だとその日の暮らしで終わっちゃわない？

「まあそうだね。でもメシ代なんてそんなにかからない」

――いつも何を食べてるの？

「コンビニ弁当かな。お金があるときはネカフェ（アプレシオ）でカツカレーとか注文したりするけど」

――ちょっと贅沢にしゃぶしゃぶとか焼肉とか食べないの？

「自分のお金では行かない。たまにお客さんに奢ってもらうことはあるけど」

――借金は？

「２週間くらいで返し終わったよ。夜９時ごろ、〝仕事〟を終えて泊まってるアプレシオに帰るよね。すると翌日の昼、〝彼氏〟がアプレシオに来てその日稼いだぶんを回収していく感じで。東京に戻ってネカフェ（インターネットカフェ）暮らしを始めたのは1ヶ月半前のことで、最初はグランカスタマ（ハイジアからほど近いインターネットカフェ）にいたんだけど、なんか店員が男性客と話すなとか急にうるさくなって。それで友達から『アプレ（シオ）のほうが過ごしやすいよ』って聞いて移ってきた感じ」

〝うるさくなった〟とは、2022年6月11日に写真週刊誌『FRIDAY』が報じた「新宿・歌舞伎町にある『売春ネットカフェ』潜入ルポ！」の記事をさしていた。グランカスタマの個室で「ネットカフェ売春」が横行していることは、もとより広く知られた公然の秘密であったが、同誌は同店の実名を出し、改めてここが売春の温床であることを白日のもとに晒す。当初、〝彼氏〟はグランカスタマにカネの回収に来ていた。同誌が実名を出した影響は思いのほか大きく、〝彼氏〟は買春目的の客と間違われるため店に無断で来れなくなっていたのだ。

――カラダを売ることに対して、いつごろから〝仕事〟って割り切れるようになったの？

「初めてやったときに思った。好きじゃない人とすることで、感情がわかないことで、『これ、仕事だな』って。なら割り切っちゃおう、って。で、それからずっともう、仕事って割り切ってやってる」

――補導やみかじめ料のたぐいは？

「ないし、払ってない。払えとも言われたことないよ」

――これからも街娼を続けるの？

「うーん、デリヘルとかで働くことも考えてはいるよ」

メンコンに〝推し〟がいる

すでに借金は返し終えた梨花は、いま街娼で月に60万円くらいは稼いでいるけど「自分には使わない」と語る。自分への投資は「最低限の生活費とたまにGUで服とか買えたらいいかなくらいで」と、そう思っている。

将来のため貯金でもしてるのかと思っていたが、残るカネの使い道はやはり男だった。

「メンコンに〝推し〟がいるの」

メンコンとは、メンズコンセプトカフェの略称である。そのメンコンに推し、つまり好意を持つ男性キャストがいて、かつての〝彼氏〟に成り代わり稼ぎのほとんどをその推しに梨花は使っていた。

メンコンを説明するには、コンカフェから入る必要があるだろう。

コンカフェとは、コンセプトカフェの略称で、メイドカフェとガールズバーの中間に位置する業態で、患者とナース、野球ファンとチアガールといった様々なコンセプトのもと、男性客はアルコールを含めたドリンクを飲みながら嬢とイメージ接客を楽しむ。

メンコンは、その男性版だと理解していい。敷居・値段がホストクラブより低い・安いを標榜し、かつホストと遜色ない若いイケメン揃いが接客するのがこの業態の目玉だ。

何も売春してまでメンコンに注ぎ込まなくてもいいのでは。彼氏でも作って同世代と同じように暮らせばいいのでは。

夜の世界に舞い込んだ入り口がメンコンではなく、ホスト遊びを経験してきた梨花だからこそ僕は思う。なぜ失敗をくり返すのかと。

「（仕事を）頑張ったからこそ、癒されに行く。お金を使えば、推しの笑顔が見れるから。ほぼ毎日行ってて、店長からスタッフまでほぼ全員が私がパパ活めいたことして稼いでいるのを知ってるから、仕事をあがった夜９時ごろに行くと、『今日もよく頑張ったね』って褒めてくれるの」

梨花は、両親とは「必要なときだけ連絡を取る程度」だから、代わりに「実家に帰る感覚」だと形容した。ホストと違って同伴やアフターができないので、その推しとはカラダの関係はないと話す。だから、物足りないけど、行ってしゃべる、甘えるのだと。

――じゃあ、アイドルの追っかけみたいな感覚なわけだ。

「うん。その上でやる流れになればそれでいいし、付き合うことになってもいいし。それは、そのぶんちゃんと支えてあげられてたっていう結果でもあるから」

――自分からはそれ以上を求めない？

「うん。向こうから言ってきたら、それはそれで嬉しいけど」

梨花が、「その推しも色恋営業じゃないの？」という僕の問いに対して、「どうなんだろう、知らない」とそっけないのは、推しが振り向いてくれない物足りなさからくる葛藤でもあるのだろう。


5千円しか使わなくても「いいよ、会いに来てくれただけで嬉しいからって言ってくれる」と例を出し、メンコンはホストより優しいと評した梨花の言葉を改めてかみしめる。

だが、実態はウン十万もする高額ボトルが控えているばかりか、悪しき売り掛け制度も踏襲されていて、気づけば借金まみれなんてケースも少なくない。つまりライトなホストクラブに違いはない。加えて来店数をもとに会員カードにスタンプを押し、数に応じて担当との旅行などができる独自の仕組みは、いまやメンコンのインフラのようだ。

いま街娼だけで生きる梨花は、稼いだカネで刹那的に推しの癒しに溺れ、破滅と隣り合わせの業界を漂う。ホストやメンコンにほだされて街娼になるなど氷山の一角に過ぎない。そう断言する自信が持てなくなるほどの取材は続く。

第6章

1ヶ月350万円を稼ぐ女子大生

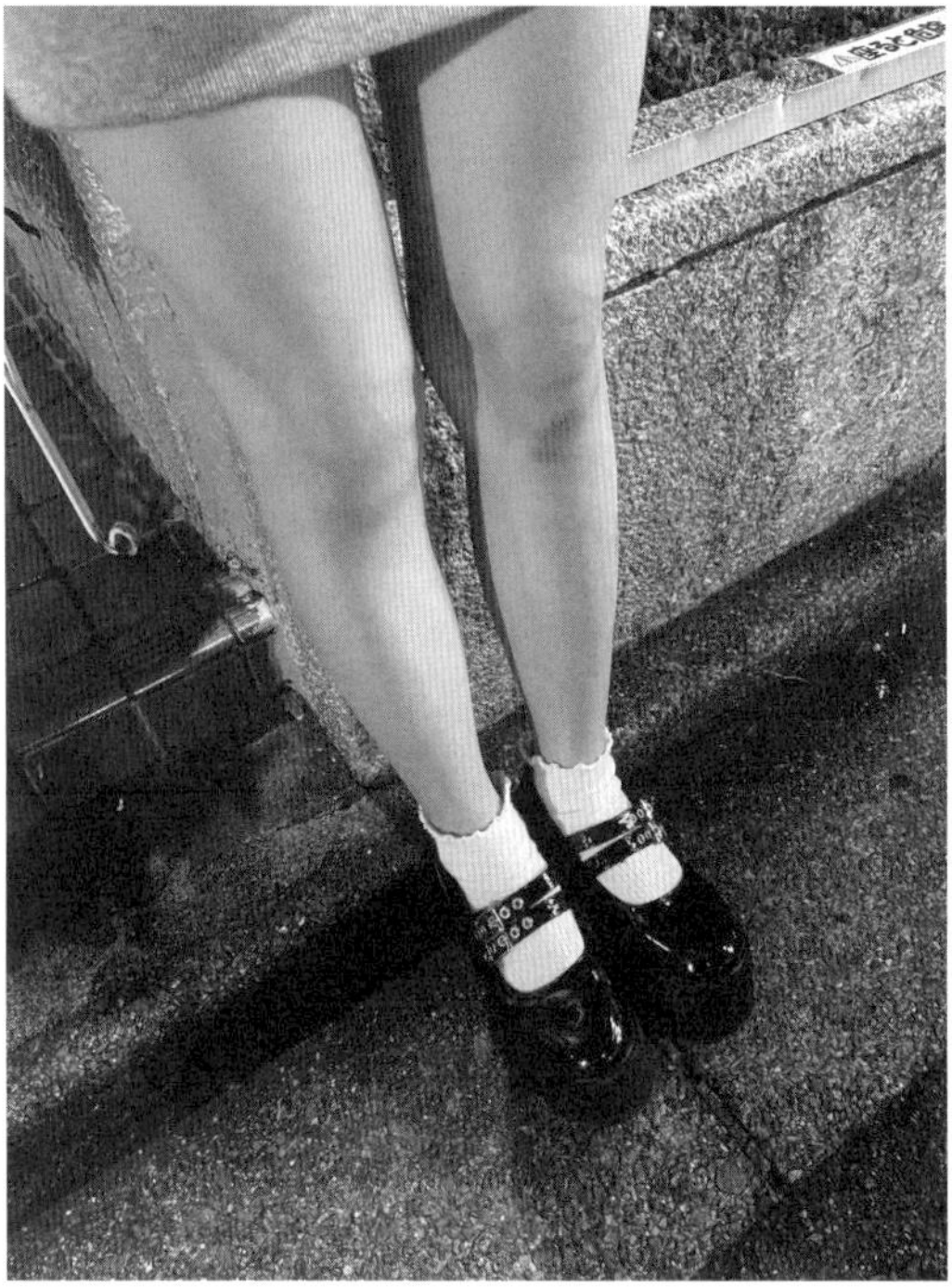
恵美奈

恵美奈（19歳）

２０２２年10月中旬――。大久保病院側に立っていた新顔・恵美奈（仮名、19歳）とふたりで職安通り側の路肩に座り、恵美奈の了承を得てから僕はボイスレコーダーの録音ボタンを押した。

約15人の新顔がいたなか恵美奈に話を聞きたいと思ったのは、ほかでもない。恵美奈がいちばん普通だったからだ。できればホス狂い以外の新顔にと思っていたからだ。

地味でも派手でもない服を着て、通りにぽつんと佇む恵美奈は、見るからにどこにでもいそうな19歳で、病んでいる様子がそれほどない。それを下敷きに、なるべくホストクラブに通っているようには見えない子を選んだのである。ファーストコンタクトでキャバ嬢でも風俗嬢でもなく「現役の女子大生」だと話したことも決め手になった。

――立ち始めたのはいつぐらいから？

「最近。７月末とかから。ほぼ毎日立ってる」

――稼げる？

「夕方ぐらいから夜の12時、1時とかまでで、1日15万くらい」

――1回いくら?

「人によるんですよね。たまに相場がわかってない人がいて、3（万円）とか5（万円）とかくれることもあるんですよ。最低は1（万円）でゴム有り。で、本当に焦ってるときは、生外で2（万円）以上とかやる。キスとかフェラはあんまりしたくないから、したいって言われてもキスなしゴムフェラにしてもらってる。生中（膣内射精）とかはやんないですね、病気が怖いし」

しかし僕の思いは空転していく。「焦っている」という言葉の裏に意外性はなく、やはりホストの売り掛け返済のため立ちんぼをしている展開だった。ホストクラブには最近行き始めたと話し、月にいくら使っているのかと僕が尋ねると、「1回150万を月に2回」だと恵美奈は言う。

その「1回150万を月に2回」の内訳は、高級シャンパンをおろすなどして「売り掛けで」と言われ、「他に生活費が50万。だから月に350万くらい必要で、正確な数字はわからないけどそのくらいは稼いでる」と続けたことにはさすがに驚いた。確かに恵美奈は梨花より客が付きそうな印象ではある。それにしても、月に60万円ほどしか稼いでいないと語っていた梨花に対して、歳も２つしか違わない恵美奈が月に３５０万円も稼げるものなのか。

ともかく、恵美奈はその数字に嘘はないと重ねた。

「えっ、だって、日に15（万円）稼げば20日で３００（万円）ですよ。残り50万なんて2、３日も立てば楽勝だし」

恵美奈が言うように、確かにこの計算どおりコトが運べば無理はない。モヤっとした違和感があるが、そんなものかと納得するよりなかった。

メン地下の〝推し活〟のため売春を開始

恵美奈は自分といまの担当ホストの関係について、他の子と私は違い、最初は客じゃなかったと強調した。つまり恵美奈は、彼氏彼女の関係とまでは言えないが、自分は「特別な存在」

だと言いたいのだろう。だけれども、その「特別な存在」であることすらどこまでいっても自信が持てないと吐露する。

いま入れ込む担当に声をかけられたのは2ヶ月前の夜7時のことだ。他の街娼たち同様に客待ちしていた。そのころ恵美奈は、「メン地下」の「推し活」のため、〝現在地〟でカラダを売りカネを稼いでは「推し」に貢ぐ日々を続けていた。

「メン地下」とは、小規模なライブやイベントで活動し、若い女性の人気を集める「メンズ地下アイドル」の略称である。若者の間では、応援するアイドルを「推し」、推しを応援する活動を「推し活」と呼ぶ。

恵美奈がメン地下にハマったのは高3のときだ。17歳の終わりからで、ジャニーズの追っかけをしていた母親譲りだとした。

「カラダ（売春）を始めたのは18（歳）になってから。最初はツイッターでのパパ活です。私はカラダをしてまで推しに貢ぐなんて想像してなかったけど、メン地下推しの子ってフーゾクとかやってる子多いから周りに影響されて。で、まだ高校生で風俗で働けない年齢だからパパ活をやった。毎日泣きながらやってた。でも、客の羽振りは良くて、当時はゴム有りで4（万）とか5（万）とか普通にもらえてた」

――**泣いてまで売春しなきゃいけないほどメン地下に依存してた。**

「依存してたっていうか、周りがチェキとかでいっぱいお金を使ってるのに、自分が使えてないっていうのが悔しくて」

単に推しを独占したいから売春に走ったのではない。周りより容姿スペックが高いと自負している。恵美奈はそこに――そんな私が雑に扱われるなんてと――自尊心をくすぐられたのだ。「可愛いからお金など使わなくても私は贔屓されるはずだ」と恵美奈は思っていた。だが、アイドルビジネスは競争心を煽りカネを使わせる手法が根幹にあるもので、推しへの消費の多さによりファンの価値は上位に置かれる。それが恵美奈のプライドと共振したのである。

「私はひとりっ子で、オモチャや食べ物を兄弟と奪い合うなんて経験がない。だから、興味のないことに関しては全く競争心は湧かないけど、自分が好きなことに対しては絶対にいちばんじゃないと嫌だ、っていうのがある。勉強とか運動とかはビリでもいいけど、好きなメン地下に対しては。自分で言うのもなんだけど、私はあの子たちより可愛いから売春すればぜったいに稼げると。だからいちばん稼いでやるってなった」

――なんでさあ、売春してまでいちばんになりたいと思うようになったの？

「えっ、なんでだろう。いや、いちばんになりたいっていうか、負けたくないっていうか。なんだろう、義務感」

――カラダも心もすり減らして、泣いて。そうまでして全うする強い義務感ってなんだろう。

「よくわかんない。というか、（売春なんて）すぐやめるだろうと思いながらやってました。当初は推しに会いたいから頑張ってたんだと思う。けど、それがいつの間にか義務に変わってきて、って感じ」

ホストに聞かれるままLINEのID交換

メン地下の推しは主に東京で活動していた。大阪生まれ大阪育ちで、そのころ関西では多少名の知れた大学に通っていた恵美奈は、さらに推し活に励むため大学が夏休みになるのを待って東京に遠征した。

このとき公園で街娼をすることになる。１回あたりの単価は高いパパ活だが、数をこなすのには限界がある。しかも、新たに東京でパパを探すのも無理がある。そこでメン地下仲間に相談すると公園を勧められたのだ。

実際に赴いて立っていると、すぐにひとりの男に「遊べる？」と声をかけられる。売春の交渉は始まり、３万円を提示され近くのラブホに。セックスを終えて再び立つと、またすぐ男に声をかけられる。初日から何度も公園とラブホとを往復する。するとそのとき「こんなに稼げるんだ」と味を占めてしまったという。

街娼行為を覚え、ファンのなかでいちばんカネを使うようになってからも、恵美奈が売春をやめることはなかった。他の子も風俗で働いたりパパ活や立ちんぼをしたりなどしてカネを使っていたので、推しを独占することはできない。それは当然のこととして割り切れてはいたのだが、自分より貢いでいないひとりの子を推しが平等に重宝しているのを見ると我慢できずに、やがて推しに嫌悪感を抱くようになった。

嫌悪感を抱くようになってからも、恵美奈は「ファンが減られたら困るから」と推しに一応の理解を示す。だが、その嫌悪感は、次第に憎悪へと変わったのだと、恵美奈は話した。

公園に女性がひとりで立っているところに声をかけてくるのは買春客以外にいないと思っていた。だが、売春の交渉ではなく「可愛いね。何してんの？　こんど遊ぼうよ」とナンパのように話しかけられ、内心、見ればわかるでしょと思いつつ、イケメンだったからホストに聞かれるままLINEのID交換に応じた。

「で、そのホストから『会おうよ』とDMが来て、みたいな」

実はそのころ、恵美奈は推しに貢ぐ意味を見出せなくなっていた。現段階で私よりお金使ってないのに、「私がいちばん好き」みたいな感じのことをずっと言ってるあの子。それがキモかったばかりか、推しメンもファンが減られては困るからと言いたげな表情をして優しくする。私がいちばんお金使っている。誰が見てもいちばん頑張っている。なのに、それ相応の見返りがないのは違うんじゃないかと思っていた。

そんなときに現れた、ホストの男。これが世にいう色恋営業――僕からすれば地獄の始まりだった。恵美奈はいま、大阪から出てきてそれっきり、約３ヶ月も〝現在地〟からも担当がいるホストクラブからも近いビジネスホテル『リブマックス』に泊まりながら街娼で稼ぐ日々を続けている。

――そのホストはさぁ、ちゃんとカネを使ったぶんだけ応えてくれるんだ。

「うん。ご飯食べに行ったりとか、ビジホにも会いに来てくれる。ビジホには、朝来てくれることもあるし、夜、営業終わりのこともある。向こうが仕事終わるのが深夜1時だから、私も同じくらいに立ちんぼをやめて、ふたりで一緒にビジホに帰ることも。で、一緒に寝て。店には月2回しか行かないけど、なんだかんだで毎日会ってる感じかな。今日も夕方5時とかまで一緒にいた」

――カラダの関係はあるの？

「まあ、ある。セックスはほぼ毎日。最初は、私が店に行く前に。外で会って、ご飯食べた、その日に」

――じゃあ、向こうは恵美奈のことが本当に好きなんだね。

「いや、わかんない。営業なんじゃないですか？　本当のところはわかんないけど、まあ、別に好きでも営業でもどっちでもいい」

――たとえば地元の友達と付き合うんじゃダメなの？

「いや、メン地下やってる男としか付き合ったことなくて。中学でも高校でも一般の彼氏がいたことがない。女の扱いがうまくないと好きになれない。そこにきて、ホストやメン地下は女の扱いがうまいから。なんか私がめっちゃ性格がひん曲がってるから。すぐ拗ねたりとかするから。それをなだめてくれる人じゃないとダメなんだと思う。普通の男の子って拗ねたりしたらすぐ戸惑うじゃないですか」

――そうだね。もういいよってなるよね。

「意地っぱりなんで、もういいよって言われたら私から切ると思う。でも、ホストやメン地下の子はなだめてくれるから」

――まあ、カネだとしても。

「うん、まあそうね」

――じゃあ、フツーに彼氏を作るよりメン地下やホストのほうが熱中できるわけだ。

「うん。推し活してる自分が好きなんだよね。彼氏にはお金を使えないじゃないですかぁ。お金払ってワーキャーしてるのが楽しい。お金使いたい。ホストがどういうものかってのはちゃんと理解している。メン地下のファンだったから、余計にね。でも、別に仕事でもここまでしてくれるんだったら幸せかな、みたいな」

――それで幸せなんだ。

「いや、幸せとまでは言えないかも」

――自分でもわからないんだ。幸せか、どうか。

「というより暇つぶしかな。暇なんで」

かえりみれば、恵美奈は自分の暴走を止めるためのきっかけを模索し続けているようだ。それは、「幸せとまでは言えないかも」という恵美奈の言葉を、できればカネなしで自分のすべてを受け止めてほしいのではと僕は理解したからだ。

なのに担当は、1回150万円もの売り掛けをさせ、それを恵美奈は売春の稼ぎで返済するなか――むろん、毎日会うなど恋人同然に振る舞っているのだとしても――恵美奈に、最後に「暇つぶし」と言わせたのは皮肉というしかない。

再び大久保病院側に戻った恵美奈は、スーツ姿のサラリーマン風情に買われた。その間わずか10分弱だった。

第7章

彼氏に勧められて路上に立つ女

紗希

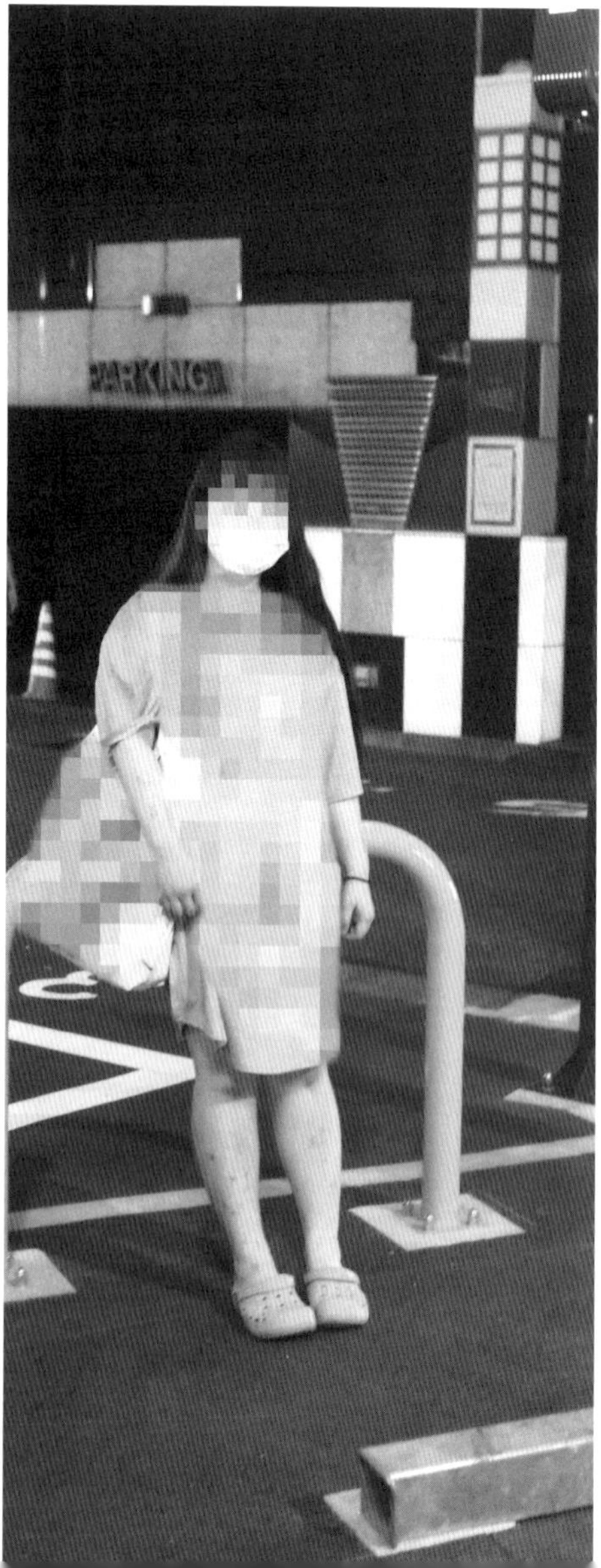

紗希（20歳）

ホス狂いの話はもう十分かもしれないが、似たようなホストのやり口がもうひとりの新顔からも垣間見えた。

紗希（仮名）、20歳。身長160センチ弱。ぽっちゃり体型だが、色白で目鼻立ちがはっきりした愛らしい子だ。九州生まれ九州育ちの紗希は、地元で過ごしていたときはアニメやゲームが好きなどこにでもいる純朴なひとりっ子だった。両親ともに健在で、とりわけ生活が苦しかったこともない。

「中学1年のときに父親の転勤が理由で家族揃って上京し、新宿区内の中学校に転入することになりました」

紗希は転校先でイジメにあった。曰く、「九州なまりで話す」という些細なものだった。いまも白い肌に残るリストカットの痕は、そのころにカッターナイフで刻んだものである。

家から歩けなくもない距離に歌舞伎町があり、高校には進学しなかった紗希がそこで当てもなくブラブラしていると、年上だが同じような境遇の仲間ができた。紗希は仲間に流されるようにしてグレた。クスリの味も覚えた。やがて仲間経由で偽造の身分証まで手に入れ、年齢を隠してキャバクラで働くようになる。

当時、いまより10キロも痩せていた紗希は、若さとその愛くるしい笑顔を武器にすぐに売れっ子になった。だが、やがて年齢はバレ、紗希はキャバクラ店から追われてしまう。それを仲間に相談すると、新たに雇ってくれるキャバクラを紹介され、流れのままにそこで働いた。以降は、バレる、また雇ってくれるキャバクラを探す、その繰り返し。年齢が若くても学歴がなくても夜の世界なら生きていけることをそのころに知った。

――条件はどんな感じ？

「ナマや中出しオプションで稼いでいる子もいるけど、私はゴム有りでイチゴー（1万5千円）」

おそらくエンコーやパパ活でカラダも売り、そのままズルズル立ちんぼへと流転したのだろうと思っていた。ところが意外や、紗希は19歳までは彼氏もできずの処女で、カラダを売ったのも「ハタチでソープ嬢になってから」だったという。

キャバクラでは思うように稼げなくなった20歳の紗希が次に選んだのは風俗だった。実はその半年前、初めてホストの彼氏ができた。休職中だったホストはそのころひとり暮らしを始めていた彼女のマンションに転がり込み、すぐにヒモ状態になった。紗希は彼氏を支えるため、郊外のソープで働きだしたのだ。

「初月は３００万くらい稼げました。お金は、ほとんどを彼氏に渡していました」

理解し難いかもしれないが、カネより愛情が勝るのである。紗希にとっては当たり前の行為であり、これが実情なのである。

当初の稼ぎは新人特需だったのか、稼ぎが少なくなると、彼氏は言った。

「ハイジアって場所に立つと稼げるからやってみれば、って」

ありえない。ソープは紗希が自ら希望して働きだしたのだからまだしも、逮捕や犯罪に巻き込まれるリスクがある路上売春を彼氏が平然と勧めるはずがない。

しかし恋は盲目とはよく言ったものだが、当時の恋愛初心者の紗希がまさにそうで、思慮分別がある行動がとれるはずもなかった。自分と彼氏はカネだけの関係じゃないと信じ込んでいた。

「もちろん葛藤はあった。でも、彼氏にお金を渡すと『頑張ったね』って褒めてくれるから」
言われるまま紗希が大久保病院側に立つと、1分もしないうちに男から「いくら？」と誘われた。週5のペースで昼から夜まで立ち、日に平均3人とセックスする。ときには7万を提示されアナルセックスもした。

――アナルセックスなんて嫌じゃなかった？

「嫌だよ。でも中出しされるよりはマシ。実は、最初は中出しさせてくれたら7万円あげるよって言われた。でも、中出しは彼氏だけって決めてて、断ると代わりにアナルはどう？ってて。迷ったけど、7万って普通にセックスする4人分だからね。やってみたら、もちろん初めてだから痛かったけど、終わってみればこんなもんか、って感じ」

ソープでいちばん稼いでいたころとまではいかないが、先月の実入りは100万の大台に届いた。当初抱いていた葛藤は、初日に5万円を持って帰り、彼氏に頭を撫でられたときから消えていた。

――公園で稼げなくなったらどうするの？

「うーん、考えられない。私はいまを生きてるだけだから」

――また風俗に戻るとか？

「あっ、というか、稼ぐため最近、歌舞伎町の素人専門デリヘルにも在籍して、そこと併用してやってる感じ。でも、そのデリヘルが新店で、ヒマで稼げないんだよね。だから、まあ、稼げるこっちばかりになっちゃってる感じだけど」

――彼女に立ちんぼさせるなんてそのホストの彼氏、けっこうえげつないと思うよ。

「そうかもね。でも彼氏は、毎日笑顔で送り出してくれて、帰ればセックスしてくれるから、私はそれで幸せです」

自分の彼女が見ず知らずの男に抱かれ、それで得たカネで自分は暮らす、そんな状況を彼氏は許せるものなのか。一方、紗希は彼氏のことを信じきっているのか、それとも騙されるのではと疑いつつ、彼氏を信じる自分に酔っているのか。しかし紗希は、なんど質問を重ねても、「私はそれで幸せ」と言うにとどまった。

紗希の持論は僕からすればまったく腑に落ちないものだった。恋愛感情もないまま彼氏は、紗希がいわば恋愛のトランス状態にあるのをいいことに、ただ単にホスト時代に培った色恋営業の手口を応用し利用しているだけだとすれば、むごいというほかない。

ひいては紗希が、ホストの売り掛けを理由に街娼をする梨花や恵美奈と重なる。それを美化する装置として、ホストクラブが使われている。

最近よく聞く『ホス狂い』という言葉の裏で、若くして春を売る街娼たちが量産されているのである。さらに取材を進めてみても、大久保病院側に立つのはホストやメンコン、メン地下にハマる女の子が大勢を占めたのである。しかしホストたちに出会わなければ、街娼という営みには到達しえなかったはずだ。

暮夜《ぼや》ひそかに、〝現在地〟は売買春に魅せられた男女で賑わっていた。女性はみな、ホストの売り掛けなどを理由にこの地に流転した、迷える羊たちである。

第8章

歌舞伎町案内人と巡る〝交縁〟の現在《いま》

２０２２年10月中旬――。同年３月21日に終わったまん延防止等重点措置の適用期間から半年以上が経つ夜の東京・新宿歌舞伎町は、我が国で新型コロナの猛威が始まる前だった約３年前と遜色ないほど活気が戻っている。

ＪＲ新宿駅の東口改札を出て、駅を背にしてまっすぐ進み新宿通り、靖国通りと渡って総合ディスカウントストア『ドン・キホーテ』前で立ち止まると、ゴジラのハリボテで知られる、新宿コマ劇場跡地に建設された高層ビル『新宿東宝ビル』が見える。

昨今、「トー横キッズ」と呼ばれる少年・少女たちが新宿東宝ビルとシネシティ広場に夜な夜なたむろして非行を繰り返し社会問題になっていたこの界隈だが、同時に別の問題も進行する。「トー横キッズ」ばかりが社会を揺り動かす裏で、フリーの街娼、それも10代から20代前半の若い女性が路上で春を売るという特異な現象が起きている。舞台は〝現在地〟だ。

日本人にも年齢別に縄張りがある

歌舞伎町の最深部にある大久保公園には連日、方々から男たちが集まってくる。仲間と路上で缶ビールを飲みながらダベったり、ひとり周辺を行ったり来たりして思い思いに過ごす。学生風、スーツ姿のサラリーマン、革ジャンを着たバンドマンのような男、どんな仕事をしているかわからない初老の男——界隈に集う男たちの群れ、その数およそ50人以上。

夜7時——。友人のライター・仙頭正教と現地で合流し、ふたりで界隈を歩く。目的は立ちんぼエリアをガイドしてもらうことである。〝歌舞伎町案内人〟を自称する仙頭は長年この界隈をウオッチし、ときには街娼や買春客らに話を聞いて、それを発信し続けている男だ。

「みんな必ずしも買いに来ているわけじゃないけどね。いまや観光地化していて、どんなものかと見に来ているだけだったり、あの子は新顔だ、いや前にも見たことがあると、仲間とワーワー言いながら酒飲んでるだけの男も多いよ」

もっとも多くの男たちが訪れる理由は、ここに来れば実物を見て女性を選び簡単にセックスできるからだ。出会いカフェは入場料や外出料など売春代以外のカネがかかるが、ここではそれがないため、格安で遊べる格好の猟場になっている。

「外国人の立ちんぼが出身国別に固まってるならわかるけど、日本人にも年齢別に縄張りがあるっていうのも面白いよね」

縄張り――。いみじくも仙頭が語ったように、街娼たちが商売をするエリアは、10代から20代前半の若い女性は大久保病院側、30代以上のベテラン勢は『公益社団法人日本駆け込み寺』や『真野美容専門学校』がある公園裏の路地と、きっちり棲み分けされている。

この日、公園裏の路地の街娼はわずか数人である。対して大久保病院側は、20人弱が2・3メートル間隔で立つ異様な光景が広がる。大久保病院側は直線距離にして50メートルほどしかないため、そこからあぶれて数軒のラブホテルがあるハイジア西側の細い路地に立つ女性もいた。

売買春目的の街娼や好事家たちを取り巻くのは大久保病院、歌舞伎町交番、ハイジアなどの施設だ。これほどまでに相容れないものが共存しているエリアも珍しい。しかもこの日、公園内は次世代を担う若手店主の人気店から老舗有名店までが出店し売り上げを競うイベント『大つけ麺博』の真っ最中で、界隈を行き来する若いカップルも少なくない。うち、ひと組の女性のほうが、奇異の目をして街娼たちへ関心を示すのを僕は見逃さなかった。対する街娼たちはしかし、何食わぬ顔だ。

「公園」で売春することを「交縁」と呼ぶ

かつて街娼も買春客も「ハイジア」と呼んでいたこの地の顔つきの変化を表すように、新語も生まれた。先に触れたように、いまの街娼たちは、この地での売春行為を隠語で「公園」と呼ぶ。大久保公園界隈でカラダを売ることを指す。対して買春客は、「公園」で女性を買うことを「交縁」と呼ぶ。公園で交渉――その公と交をかけて、さらに女性と〝縁を結ぶ〟という意味だ。時は流れ、いまでは街娼たちも「公園」で売春することを「交縁」と呼ぶようになった。

「交縁」というワードが世間に認知されたのにはこんな経緯がある。

「2022年の3月ごろだった。ツイッターで、買春目的の男たちがこの地のことをツイートし始めた。その男たちっていうのは、ベースは海外風俗とかが好きな人種で、なかでも有名なのが『M』さん。そのMさんが、かつての呼び名『ハイジア』じゃなくて『交縁』という造語を使った。そのワードがどこかなんか刺さったんだろうね。するとMさんのフォロワーたちが『交縁』を使い始めた」(仙頭)

「#交縁」ワードは徐々に盛り上がりをみせ、ツイッターに限らず、やがてマスコミまでもがこの言葉を使う形で定着する。

ツイッターで拡散されたのは、盗撮された風景写真に添えられた「いま何人が立っている」という情報や「この子はいくらで買えた」という売値の話だ。ばかりかハメ撮り動画まで。一部の発信者は、ツイッターから有料サイトに誘導し、女の子の顔のモザイクなし写真や動画を販売して利益を得ることを原動力にしている。

そこにはルール無用の空間が広がっていた。だが、それにより買春客が劇的に増えたことで、さらに新顔が増えたというのがいまの〝現在地〟の状況だ。街娼の人数からすれば、2022年6月末がピークであるものの――むろん、新旧入れ替わりはあるが――その後は横ばいを続け、それがいまも続いている（2023年6月現在）。

新顔たちは大久保病院側を主戦場にしている。つまり大久保病院側に立っているのは――盗撮を気にしない――盗撮されてでも稼ぎたい――稼がなければいけない女の子たちである。もっとも、なかには盗撮を恐れて少し外れに立つ者もいる。例えばラブホ『COLORFUL P&A』前の自販機横など、盗撮犯から身を隠しやすい場所だ。

1万円以下で売る「トー横キッズ」

「属性」もはっきりしている。大久保病院側に立つのはホスト、メンコン、メン地下に狂う女の子たちである。かつては夕方過ぎからぽつん、ぽつんと立ち始めていたが、近ごろは日中からも立つようになった。客数は少ないが、そのぶん商売敵も少なく、稼げると認知されてきたからだ。

やはり夜7時くらいにピークを迎え、朝方まで続く。日付が変わってからは、ホストクラブを退店して担当と離れたホス狂いや、ライブがなければ時間帯を気にせず立てるメン地下推し勢が占める。

売春が専業で、風俗未経験者であったり、過去に経験はあっても風俗店に籍だけを置いていまはもう出勤をしていない者が主だ。「貧困」や「家族や友人との関係が希薄で頼る人がいない」ことを背景にする者は、若い世代に限りほとんどいない。

対して公園裏の路地に立つのは、琴音や未華子のように、かつてはセックスワークを流浪しながらホストに貢ぐホス狂いだったが、いまはそれも少し落ち着きここに流れ着いた、30代以上のベテラン勢だ。新顔のように見えるが、いまも風俗や出会いカフェと兼業する者が多く――一部は貧困や頼る人がいないという背景があるが――立つ理由も「風俗よりラクだから」といった怠惰なものでしかない。以前は知る人ぞ知る場所だった界隈は、ＳＮＳが駆動力になり深刻化するばかりで、誰もが簡単に売り買いをする危機的状況に陥っている。

そこに「トー横キッズ」が流入しさらに混沌とするのは、２０２２年7月ごろからのこと

トー横には、家庭環境などに問題を抱えた若者が集まる(上)。警察によるハイジア・大久保公園周辺の巡回が強化された(左。2022年10月撮影)

東急歌舞伎町タワー

だ。理由は例の「トー横」の一斉補導に違いはなかった。

大人たちに紛れて路上に立つ「トー横キッズ」。多くは10代半ばの未成年である。若さを下敷きに相場より高値で売っているのだと、当初僕は思っていた。

だが仙頭の答えは違っていた。大人たちの売春相場が2万円前後であるのに対し、「トー横キッズ」はシネシティ広場からふらっとやってきて1万円以下で売るというから驚いた。

「このままずっと立ちんぼで生きるって感じじゃなくて、いまからビジホに泊まるとりあえずのカネがほしいからと7千円、8千円でもへーキで売春するんだって。大人たちからすれば『相場が崩れるから困る』って」

事情に詳しい知人によると、下は13歳からの少女たちが売春目的で路上に立つ。緩く組織化もされていて、ヤクザや、ヤクザまがいの男を後ろ盾にして、トー横仲間で年が少し上の青年が近くで見張り、何をするわけでもないが少女たちが売春で得たカネのなかから数千円の上前をはねている。未成年が絡むと、また２０１２年の「女子高生立ちんぼ」現象のように、そうした影もつきまとうのか。

問題視する側も、警察が摘発に乗り出したり、ボランティア団体が注意喚起をしたり、NPO団体が女の子に聞き取り調査をして救いの手を差し伸べたり、さまざまな努力をしてはいる。

それでも改善されないのは、売春防止法には売春自体の処罰規定がないことでホスト、メンコン、メン地下などが問題を生み出す舞台装置になっているからだ。彼女たちにしてみれば、担当や推しに貢ぐカネが必要なときは「立つ」のがもっとも手っ取り早いのである。

だが、ある街娼が「警察とかほんと迷惑。ウチらはこれが仕事だし、好きでやってるし」と話したように——その是非は別として——資本主義というわが国が推奨する理念で、担当と女の子とは繋がっている。仮に大きな権力で一掃したところで、つまり土壌が残る以上、少し場所が移動するだけだったり、首を挿げ替えることに成功しただけになる可能性は残り続ける。

尻や性器を出したまま路上で寝る女、サトミ（20代後半）

街中で有名無名の人物の半生を聞く某人気YouTubeチャンネルを見て気になっていた街娼

がいる。動画のなかで地べたに座り、「売春はしていない」と話していた推定年齢20代後半のサトミ（仮名）だ。どんな素性で、何を資金源にして生きているのか。仙頭はサトミについても詳しかった。

「東京都下の出身で生活保護を受けながら公園にいる。風俗の面接も落ちる。出会いカフェを出入り禁止になった。仮に風俗の在籍が決まったとしても、ルーズで予定の時間に出勤しない。だから、もう公園しか選択肢がないの。

基本は街に住んでる。漫画喫茶だったり、バーに住まわしてもらっている。そのバーは特殊な空間で、24時間飲み放題で3千円と安い。だから有象無象がいっぱい住んでる。トー横のやつらも住んでたりするよ。

サトミはホス狂いで、ホストクラブへ行ったりとか、バーに飲みに行くのが好きらしい。売春もやってるけど、この地でできた仲間の相互扶助でホスト代や宿代を捻出してなんとか生きている側面がある」

仙頭の言う「相互扶助」とは、界隈に集う年配者からわずかなカネを恵んでもらう行為だ。

「大久保や北新宿辺りに住んでる年配の生活保護者たちがいる。孤独で、ひとり家にいてもしょうがないから公園で酒盛りしている。彼ら曰く『行けば誰かが用意したタダ酒にありつける。だからみんな集うんだ』。そこでサトミのような売春婦でも話せばいっときの楽しさや癒しになる。そういう流れで５００円、千円の扶助があるの。彼らはそれを生きがいにしている。助けることによる生きがいみたいなものがあると思う」

でも、と仙頭は続ける。

「『COLORFUL P&A』のフリー Wi-Fi を無断使用するため、その駐車場前を居場所にしていたサトミは、去年の春ぐらいから徐々にメンタルが悪くなり、通りがかった男や立ちんぼに対して暴言を吐いたりするようになった。夏になるともう完全に壊れちゃって、尻や女性器を出したまま寝たり、野ションをや野糞をしたり……」

そう複雑な表情をして打ち明けた仙頭は、サトミのようなベテランの立ちんぼたちの面倒などを見ながら地回りに近いような行為もしている、少し筋が悪い男たちがいると語り、続ける。

「その少し筋が悪い男たちは結果、サトミを追い出すことに決めた。当初はサトミが公然わいせつめいたことをやっているときに警察を呼んだりしていたけど、警察はなかなか動かずラチが明かない。で、最終的には本人に言葉で詰めまくって、しかたなくサトミが出ていったのが、8月前半のことで」

サトミは同日、池袋の路上で泥酔していたサラリーマンの財布からクレジットカードを盗み、歌舞伎町に戻り馴染みのバーで114万円を使う。その足で歌舞伎町のホストクラブへ行き散財する。翌日、再び池袋に戻り、街を徘徊していたところで逮捕される。僕の取材によれば他に2件、同様のクレカ窃盗の余罪があることが捜査関係者から漏れ伝わると同時に、一連のサトミの行動には手慣れた錬金術が潜んでいることを意味していた。

その後の成り行きは、壊れたメンタルを浮き彫りにした。

10月中旬——。司法の裁きを終えて執行猶予になり再び界隈に現れたサトミは、母親に言われ「精神病院に入院する予定」だと、別のYouTubeチャンネルの取材で話している。

「リンチ殺人事件」の加害女性が出所して大久保公園に!?

「あっ、カナイミキ（仮名）だ」

派手な出立ちのヤマンバギャルを指さして、仙頭は言った。金髪で肌を焼き、パンダのように目の周りを白く塗り颯爽と歩く様子は、僕も界隈でたびたび目にしていた。

「彼女も街娼で、年は40（歳）。その物珍しさから買う人がいるんだけど、いろんなところでやらかしている子でね」

大きなショッピングバッグを手に提げながらどこかへ向かう彼女の背中を目で追いつつ仙頭が問題として挙げたのが、方々のラブホテルで出入り禁止を食らっていることだ。

「（客と）ラブホに行くよね。で、コトを終えると、宿泊費を浮かすため客を先に帰らしてそこに居座る。客は休憩料金しか払ってないからそのまま朝を迎えれば当然、延長料金を請求されるよね。でも、彼女はカネを払わず逃げるの」

仙頭によると、ラブホの従業員の通報により警察沙汰になったこともあるという。生きるために「窃盗や無銭宿泊を繰り返す街娼は少なくない」とも話した。

サトミもカナイミキも、2022年3月以降の若く容姿スペックの高い女の子たちの急速な台頭の陰で、買春客の選択肢が増えたあおりを受けた街娼だ。仙頭によると、ふたりの実入りは、少しずつ減りなんとか生きながらえているレベルにとどまる。ホストで遊ぶカネを捻出しているのではなく――むろん、必要以上にカネが入ればホスト遊びもしていたのだが――生活費を稼ぐために街娼を続け、また犯罪をせざるを得ない。〝現在地〟の状況の変化に加え、家庭の問題や精神病なども背景にある。

彼女たちが現状のまま街娼を続ければ、いずれ稼ぎはゼロになりホームレスへと転落してしまうのでは――。格差の拡大を見ると、僕にはそんな思いもある。

仙頭は言う。

「30代がメインの公園裏の路地勢は当然、価格も下がる。なかには3千円、5千円で売る子もいる。しかも、場合によってはナマ中出しで2、３千円とかって。どんなヤツがその値段を言ってくるのって聞いたら、やっぱり外国人が多いと。インドやバングラデシュからの旅行者や出稼ぎ組だと。ありえないよね。でも手持ちがないし、泊まってる漫画喫茶の更新料もかかるしで、相場で買ってくれる日本人客にありつけず立つのも疲れたとなったら、『その値段でもやるしかないよね』と」

琴音が「この仕事はチリツモ（ちりも積もれば山となる）だから。３千円でも10人客を取れば３万円だから」と話していたことと重なる。

驚いたのは、２０１４年5月に例の「リンチ殺人事件」（１５２ページ参照）で逮捕・起訴された4人の女性のうちのひとりが、また大久保公園で目撃されていたことだ。

「刑期を終えて、アプレシオに住みながら半年前まで立ってたらしいよ」（仙頭）

刑務所暮らしから解放されても、元受刑者はセカンドキャリアに苦労すると言われている。被害者遺族の感情をかんがみれば、決していたわしいとはならないが、やはり逮捕前同様に街娼をするぐらいしか生きる術がなかったのか。

「しばらく立っていたようだけど、やはり真面目になろうと思い直したのか、同時にハイジアの『TOKYOチャレンジネット』で福祉プログラムも受けていたそう。彼女と逮捕前から知り合いで、出てきてからも交流があった立ちんぼ仲間が言うには、その福祉プログラムも長くは続かなかったみたい。で、諦めて結局、何かのツテを頼りに夜行バスで地方のスナックに行くという彼女を、仲間とバスタ新宿まで見送りに行った。それが最後の別れだったとか」

仙頭から聞いて彼女のツイッターアカウントを開くと、しばらく更新は止まっていたが、過去のツイートをたどることで地方で水商売をしている――していたことが確認できた。


突如、ひとりの老婆が目の前に姿を現し、大久保公園を背にして立った。見るからに客が付きそうもない高齢だが、やはりこの女性も――。

「そう、彼女も立ちんぼ。といっても、もう売春では客が付かない歳だから、5千円でマッサージだけしてるみたい。だから立ちんぼとは言えないのかもしれないね。流しのマッサージ嬢

ってところかな」（仙頭）

ひるがえって、人数は少ないが彼女のような老女もこの地に立つ主人公なのである。

仙頭との会話のなかで、聞き逃せない話があった。もうひとりの老女の街娼の存在だ。

「界隈のそこかしこにしゃがんでいる、白髪交じりの老女がいる。買われた姿を見たことがないし、一見するとホームレスなんだけど、彼女も古くからここで売春するれっきとした立ちんぼなんだ」

この日は確認できなかったが、界隈に毎日のように昼夜問わず出没するという、仙頭からの情報である。それを頼りに僕が老女を直撃したのは、１ヶ月後のことだ。

第9章

名物立ちんぼとして知られる老女

久美さん（年齢不詳）

久美さん

その老女は、立つのではなく終始うずくまっていた。しかも、周囲に背を向けるようにして。だから、まさか老女が街娼だとは。ホームレスに違いない。誰もが抱くこの印象は間違いであり、あるがまま〝現在地〟で春を売る仕事をしていたのだ。

満面の笑みで「えっ、はい、ホテルですか？」

２０２３年2月初旬、無数の鉄柱で仕切られた大久保公園の四方を囲む路上の一角——。この日の出立ちは、黒色のワンピースの上から淡い色のフリース素材のジャンパーをはおっていた。使い古した大きめの紙袋とナイロン製のエコバッグを自分の両脇に置き、白髪交じりの長い髪で顔を隠すようにして小さくなっていた。

老女のことを語る前に、〝現在地〟はどんな状況なのかをいま一度、記したい。

街娼たちの年齢層は、これまで20代半ばから30代の、コロナ禍になり仕事からあぶれたキャバ嬢や風俗嬢たちが中心だったが、２０２２年夏以降、10代後半から20代前半が目立つというありえない現象が起きている。それも平日で15人から20人、週末ともなれば30人以上が散見された。

様相はガラリと変わりホス狂い――それも、風俗経験のない学生やＯＬまでもが立つようになったのである。風が吹けば桶屋が儲かるとはよくいったもので、売春を供給する女性が増えると、また買春客も増えた。つまり現在地はいま好景気に沸く。

だが、老女がその恩恵にあずかるとは限らない。なにより超熟女を好む男性がいることは理解している。だとしても、老女は都会で暮らしていけるだけの実入りが得られているとは到底思えない。

僕のように売春婦だと理解してのことならまだしも、そもそもうずくまっての客待ちでは交渉のテーブルにすらつけないのではないか。見た目からして無視か哀れみの目を向けるのが関の山で、普通はそこまで飛躍はしない。むろん、僕が秘めていたのも下心ではなく同情心である。

この地を買春目的で訪れる好事家たちのなかでは名物立ちんぼとして知られる老女の存在は、１ヶ月前、この地の事情にめっぽう詳しい前出のライターの仙頭正教から教えてもらっ

大久保公園の入り口付近にうずくまっていた老女。
事前の情報がなければとても客待ちのようには見えない

た。僕が接触したのは朝9時ごろのことだ。

「何をしてるんですか？」

正直に言おう。仙頭からのお墨付きがあっても、僕はまだホームレスではないのかと思っていた。だから普通は「遊べるの？」と声をかけるところ、こんな問いかけになった。

すると、「えっ、はい、ホテルですか？」と言って、老女は満面の笑みを浮かべた。5千円、いや3千円でもと売春の交渉をしてきた老女に、たった3千円でカラダを売ることに軽く動揺しつつ、代わりにホテルでのインタビューと写真撮影を了承してもらう。こちらの意図を聞かずに売値を提示してくるとは老女もなかなか手際がいい。普通は立ってもいない老女に買春交渉などするはずもないのに、である。

本人にその気はないのかもしれない。しかし周囲と異なるスタイルで客待ちすることが注目を集め、ときには僕のように同情を誘い、ひいては声かけすることになり売春は成約。そうして新規客を獲得していること、その積み重ねで常連客を獲得して糊口を凌いでいることが後々、わかってくるのだ。

いつもは風呂場で客の体を洗ってあげている

眠らない街といわれる歌舞伎町にあって、その日の朝は人けがまばらだった。僕は老女と、歩いてすぐの距離にある古びた外観のラブホに入る。

本人にもあらかじめ伝えたように、こちらの目的はあくまで取材である。が、よくは理解していなかったのだろう。その証拠にインタビューをしようとテーブルの上にテレコを出して録音ボタンを押す僕に対して老女は、「先にお湯をためてきますね」と言って風呂場に向かい、キュッと蛇口を捻る音をさせてから戻ると、目的はアレでしょと言わんばかりに着衣を脱ぎ始めるのだった。

「名前をお教えいただけますでしょうか」

「久美（仮名）です」

「歳は？」

「うーん、50代前半」

僕と片手で数えるほどしか変わらない50代前半、と言われてうなずくことができなかったのは、自ら裸になった久美さんを見て衝撃を受けたあとにこの質問をしたからだ。痩せほそった体も、人生の年輪といわれる肌のシワも、すべて経年劣化が顕著で少なく見積もっても60歳以上だと容易に推測できる。であればこそ、サバを読む久美さんについてどう考えるか。

それは奇妙な時間だった。「見えないですね」とお世辞とも皮肉ともとれる言葉を続けた僕に対して久美さんは、「本当はもう少し上」とはぐらかすだけで、サバを読んだことへの言い訳もしない。若さで負けたくない。自分の年齢を認めたくない。心理はいくつも想像されるが、いまさら実年齢を知って逃げ出すはずもないのに「本当はいくつなんですか？」と話をふっても苦笑するだけだ。

「そろそろ頃合いですね」と言い、久美さんが僕を風呂場へ誘う。いつもはデリヘルのマニュアルにあるように客の体を洗ってあげているのだという。久美さんがフリーの立ちんぼ経験しかないとするならば、この段階で買春客に対するもてなしなどしないのではないか。

いそいそと風呂場へ行こうとする久美さんを制止して、目的はあくまで取材であることを伝える。改めて久美さんの話を聞こう。

僕は久美さんがいつもは風呂場で客の体を洗ってあげていると聞いて、こんなふうに思っていた。街娼はソープやピンサロ、出会いカフェやパパ活アプリでの売春に至るまで、数多の風俗を経験した女性が最後に行き着くとされている商売だ。いまや高齢者を雇ってくれるデリヘルも少なくない。だから風俗経験は豊富でも、路上歴は浅い。おそらくや近年、コロナの影響で風俗からあぶれた果てに――。

しかし久美さんが話した自分の半生は、僕の想像をはるかに超えるものだった。

冷やかし客が興味本位で声をかけてくることも

大阪生まれ大阪育ち。地元の高校を卒業し、20歳で結婚して一女に恵まれた久美さんはそれまで、風俗とは無縁の人生を送ってきた。

ところが夫のギャンブル狂いと浮気を理由に24歳で離婚すると、女手一つで娘を育てるため若専の箱型ファッションヘルスで働くことを余儀なくされた。久美さんの記憶が曖昧で正確な時期はわからずじまいだが、そこそこの実入りを得て人並みの生活を送っていた数年後、ここでまた転機が訪れる。

「で、30歳くらいで泉の広場で立ちんぼをするようになりました。店も客も若い子のほうがいいから、ほら、いつまでも雇ってくれないでしょう」

泉の広場は大阪・梅田の地下街の一角にある、ヨーロピアン調の噴水を目印とした待ち合わせ場所である。2021年に一斉摘発があり、ここで売春をしていた当時17〜64歳の女性61人が売春防止法違反で大阪府警に現行犯逮捕されて閉鎖される前までは、有名な街娼スポットでもあった。

なにもいきなり路上に立たなくても。他に雇ってくれる風俗店はなかったのだろうか。

久美さんが60歳以上だと仮定して話すと、時期は1993年ごろ。おりしも欧州ではEUが設立し、国内では改正風適法施行による派遣型風俗店解禁前で、いまのようにデリヘルが乱立していて老いも若きも風俗で働ける状況にない。限られた選択肢のなかで、残るはフリーで春を売ることぐらいしかなかったと久美さんは持論を述べる。そして泉の広場では１万円ほどの対価を得て男たちに抱かれた。ときには「2、３万で売れることもあった」と回顧した。

こうして長きにわたり街娼一本で生活を続けてきた、ということか。風呂場でしようとした接客術は、路上に立つまでのヘルス経験で培ったものということか。もっとも、もっと割のいい仕事を求めて上京して東京・新大久保でチャットレディの職などに就いたこともあるようだ。しかし、寄る年波には勝てず、それも長くは続けられなかったらしい。

東京で仕事にあぶれたらまた泉の広場に引き返すという繰り返しだったというが、また時期は曖昧なままでも、最後に行き着いたのは新大久保でのチャットレディ経験のときに界隈を彷徨うなかで知った、ハイジアと大久保公園一帯での売春に他ならない。久美さんが40歳を過ぎたころに娘は成人してひとり立ちした。つまりもう、自分の生活費以上に稼ぐ理由はない。

むろん、もうそのころにはデリヘル開業が解禁されていたなど、少ないながらも探せば熟女であっても雇ってくれる舞台は整っていたことになる。いやデリヘルでなくとも、昼の一般職を模索することはしなかったのか。

「えっ、まあ、長くこの仕事を続けてきましたから……」

そんな大雑把さが、悲惨な結果を招いてしまった。

前述のとおり、久美さんの売春単価はひとり頭3千円から5千円で、およそ売春の対価として得る金額ではない。いや、その金額で買ってくれるのはまだマシなほうで、多くはたった千円で性行為に及んでいるのだった。

冒頭で記したようにしゃがんでいると――まるで罰ゲームに興じるように――買う気はないが売値くらいは聞いてみようかといった具合で冷やかし客が興味本位で声をかけてくる。そこで大塚あたりの激安ピンサロの半値を提示されれば、どうなるか。その安さから交渉が成立し、公衆トイレや雑居ビルの踊り場でフェラや手コキをするのである。むろん、5千円で買ってくれる常連客もいるにはいると言うが……。

果たして食べていけているのか。暮らしぶりはどうか。やはり女性専用サウナかネットカフェ暮らしを続けているのだろうか。実はパトロンめいた男性がいて、住居だけは確保されているのかもしれない。このまま取材を終わらせても問題ないと思っていたが、まだまだ疑問が湧いてくる。ねえ、久美さん、今日は何を食べたの。どこに帰るの。

「ネットカフェですよ。朝食もそこで提供してくれる無料のもので済ませました」

某ネットカフェの名前を挙げ、毎日そこに泊まっているという久美さんから受けた僕の印象は、意外にやっていけているんだ、というものだった。ネットもテレビも見放題で、タダで飲み物や軽食にもありつける。感想は「ありがち」で、貧困層には違いはないがネット難民と称される若者たちと同様の暮らしぶりが想像され、それほど浮世離れはしていない。が、ネット難民よりさらに苦境に立たされていたことを、僕はあとから知ることになる。

どこか心の病や障害を抱えているのでは

ラブホテルを退出して解散した翌日のことだ。再び公園で久美さんを見つけ、食事に誘った僕は、久美さんの希望で歩いて数分の距離にある中華料理チェーン店『日高屋』にいた。久美さんが麺類のなかでいちばん安い中華そばを頼んだので、僕も同じものを注文し、ふたりして麺をすする。目的は久美さんの暮らしぶりを知ることだ。こうして関係を深め、久美さんが拠点にしているというネットカフェの居室のなかを見せてもらおう。

「麺類が好きなんです。去年の大晦日は、ちょっと奮発して天ぷら蕎麦を食べました」

自分へのご褒美じゃないけど、と前置きして語る久美さんだった。

僕は本題を切り出した。だが、思惑はすぐに弾かれてしまう。久美さんは「いつも24時間料金より安い夜から朝までのナイトパックを利用してるんですよ」と言い、すでに今日も退出していたからだ。

実際はネカフェ暮らしをすることすらままならなかったのである。実入りはよくて1日数千円、ときにはゼロの日もあることからして、荷物を置いたり雨露をしのぐ拠点を持つことは思いのほか無理があり、朝9時ごろにネットカフェから出るとそのまま夜10時までずっと路上に。

久美さんは続けた。

「公園付近にいたり、ハイジアの階段で座ったり、数時間ごとに場所を変えてね」

一つの場所でじっとしているのはさすがにキツい。これは、長年の経験から編み出した効果的に客を取る久美さんなりの処世術でもあるようだ。ところ変われば品変わる。よく言われるように、新規客の目にとまりやすくしているのだという。

さて、着替えや防寒具の類はどうしているのか。久美さんは今日も使い古した大きめの紙袋とナイロン製のエコバッグを持っていた。中身を確認させてもらうと、大きめの紙袋にはラブホやネットカフェで入手したであろう使い捨ての歯ブラシやコットンや替えの下着類が、エコバッグには財布や化粧道具などが乱雑に入れられているだけだった。まさかいまあるもので私物は全部じゃあるまい。

他の荷物は近場のコインロッカーに預けていることがわかり、そこまで案内してもらうことになった。追加料金を投入してカギで扉を開ける。なかからA３ノート大のエコバッグ一つだけが覗く。中身は使い捨てのポリエチレン袋の束やタオルなど、久美さんからしたら是が非でも取っておきたい代物かもしれないが、僕からすれば取るに足らないものばかりだ。

誤解を恐れずに言えばゴミである。理解不能で、まだどこかに隠されているのではとの疑念も浮かぶが、久美さんの私物は本当にこれで全部らしい。

久美さんはケータイ電話すら持っていなかった。最後に娘と連絡を取ったのは、まだケータイが生きていた4年前。元気にしているか。コロナになってなどいないか。僕が久美さんのいまやこれからを憂えるなか、自分ではなく娘のことだけが気がかりだと最後に言って、久美さんはいつもの場所、そう大久保公園のほうへ向かってゆっくりと歩いていった。


久美さんと過ごした数日間のなかで、忘れられない光景がある。

うずくまる久美さんを、僕が背後から気づかれないように覗き込んだときのことだ。久美さんは、手にするピンセットの先を歯と歯の隙間にあてて歯間ブラシのようにして歯石を取っていた。それは、あるはずもない何かをほじくり続けているようだった。

初対面の日も、日高屋で中華そばを食べた日も、何かに取り憑かれたように手を動かしていた。僕が「何をしてるんですか？」と問うと、マズい場面を見られてしまったといった表情をして、咄嗟に上着のポケットのなかにピンセットをしまった。

その不可思議な行動は、そのまま取材時にも感じていたある疑念へと繋がる。過去に取材した立ちんぼの一部がそうであったように、やはり、どこか心の病を抱えているのでは――眠剤や向精神薬の類は確認できなかったにしても。

が、僕はそれについて問うことをついにしなかった。なぜなら、これは久美さんと少しでも触れ合えばわかるのだが、聞いても明確な答えなど返ってこないと思えたからだ。

いまも僕は、時間があれば大久保公園に寄る。

今日はいるな。さすがにこの雨ではいないか。わざわざ探しはしないまでも、たまの彼女の姿を見つけてどこかホッとする自分がいる。

久美さん、どうかこれからもお元気で。

エピローグ（終章）

街娼たちが昼夜問わず公然と路上に立ち春を売るのは、もう黙って見ていられる状況にないのではないか。社会的にそんな懸念が高まるなか、〝現在地〟浄化のきっかけになる事件は起きた。

「生活費に困っているなら立ちんぼしてみなよ。立ちんぼで稼いだら店でも会えるし返済もできる」

２０２３年4月27日――。東京・歌舞伎町のホストクラブ従業員・中川悟容疑者（仮名、25歳）が、23歳の女性客に売春を促し売春防止法違反容疑で警視庁により逮捕された。具体的には、脅迫めいた言動や無理強いはないものの、前述のように売春をそそのかす言動をしたことが売春防止法で禁止する教唆に当たると判断された。売春をそそのかした行為による摘発は、実に60年ぶりという。そのことからも警視庁の本気度が透ける。ひいては同年5月に入り、警視庁はまずもって捜査員や保安警備員による新宿歌舞伎町周辺の巡回や街娼への立ち退き要求を強化する。

だがそれは、真の問題解決にはほど遠いものだった。いうなれば上辺だけの浄化である。警察がくれば一旦は立ち退くが、熱《ほとぼ》りが冷めればまた戻るだけでしかない。街娼たちはカネを稼ぐこと、ホストに貢ぐことが何より大事なのである。売り掛けを下敷きにホストに促されたりして街娼を始める女性が後を絶たない現実。やはり舞台装置に何らかのメスを入れないままでは状況は好転しない、と僕に思わせた。

20歳のツイート――

・Gありのみ1時間1.5万円（1枠）
・キス、フェラOKです
・痛いことや汚いことはできません（アナル、イラマなど）
・シャワーは必須です

21歳のツイート――

木曜日　13時・14時・15時・16時・18時・19時・20時
金曜日　13時・14時・15時・16時・18時・19時・20時
土曜日　12時・13時・14時・15時・16時・17時・18時・19時・20時

いたちごっこが続く構図は浄化を経ても変わらず、むしろ新たな懸念が浮上する。その現実を示すツイートに目を向けたい（上）。

大久保病院側に立つ新顔による書き込みの一部である。多くは、条件を提示し立つ日時をツイッターで告知して、DMで予約まで受け付ける。なかでも驚くべきは、前者20歳の女の子である。告知すればすぐに満枠になっていることが綴られている。ばかりかAmazonの「ほしい物リスト」を公開する。するとファンがこぞってプレゼントを送っていたのだ。

それは好事家たちが街娼をアイドル視している――一方で街娼もそう振る舞っている――状況で、より多くの客を取るためならば路上を飛び越えて現実的になり、ツイッターで日常さえも公開する。自撮り画像をあげて顔出しする者までいた。

こうして街娼を相対化／アイドル化する新顔たちの存在は、およそ売春婦――かつてのように日陰の存在――らしからぬもので、〝現在地〟が新たなフェーズに入ったゆらぎを示す。

むろん、街娼を相対化／アイドル化する行為はいいことばかりではない。一部のファンがストーカー化し、危害を及ぼす可能性もあるからだ。他方、街娼の中にも、ホストをアイドル視した果てに、一線を超えた行動に出てしまうケースが少なくない。どちらにせよ、危機的状況であることに変わりはないのだ。

例えばホストをアイドル視した女性が及んだ凶行としては、2019年5月、歌舞伎町のガールズバーで働く女性が好意を寄せるホスト（当時20歳）の腹部を就寝中にめった刺しにした『ホスト殺人未遂事件』が起きた。これなど、界隈の街娼は身につまされる思いであったろう。

その逆に男性客が気に入った風俗嬢に対してストーカー化した事例が、2023年5月に東京・吉原の老舗ソープランドの女性従業員（当時38歳）が客の男（当時32歳）に首などを刺されて殺害された『吉原・女性刺殺事件』だ。こちらも街娼たちはわがことのように恐怖を覚えたに違いない。

僕の取材では、〝現在地〟でも小型ナイフを手に街娼たちを狙う『刃物男』の存在が浮上する。いつ誰が凶器を忍ばせているとも限らず、重大事件に育つことが懸念される。

東京の街娼史を最も克明に表す地は〝現在地〟をおいてほかにない。街娼たちは戦後の高度経済成長期、界隈に形成されていったラブホテル群に引き寄せられるようにして立った。警察や行政による浄化で、いくどもスクラップ&ビルドを繰り返したが現在進行形にある。

2000年の春、当時23歳の僕は現在地からほど近い新宿・百人町にある小さな出版社で編集者になった。そこではキャバクラ専門誌やアダルトビデオ情報誌、エロ本や風俗情報サイトなどを経験した。

その出版社が入るビル下の路地には、日が暮れるころになるとどこからともなく外国人女性たちが集まり、「遊ばない？」とよく声をかけられた。その外国人女性たちが街娼だとわかると自然、ハイジアの存在を知り、たびたび同地を訪れて街娼たちを観察するようになった。

30歳が迫り、出版社をやめてフリーランスになったあとも新宿に居を構えるなどして観察を続けていた僕は、2007年末に始まったハイジア外周のフェンス設置工事を目の当たりにする。2011年以降に起こった「女子高生立ちんぼ」や「街娼・仲間割れによるリンチ殺人事件」「看護師やキャバ嬢がアルバイト感覚で春を売り始めた」などの現象は、たびたび週刊誌で書いている。そのころ『FRIDAY』で主に社会・風俗の犯罪や事件を追う記者になっていたからだ。

事件取材を重ねていた僕は、その取材結果から事件を起こした若者は発達障害を抱えていたり、精神科への通院歴があることが少なくないことを実感した。

ひとつだけ具体例を挙げよう。2014年12月に起こった『名古屋大学女子学生殺人事件』である。当時19歳だった名古屋大学在学の女子大生が、宗教の勧誘で知り合った女性（当時77歳）を、自宅アパートで斧で殴りマフラーで絞め殺した。劇物の硫酸タリウムを飲み物に混ぜて中学時代の同級生に飲ませた殺人未遂事件を起こしていた過去があり、同事件でも「子供のころから人を殺してみたかった」と供述するなど、人を殺すことに異常な興味を示していた。ひいては精神鑑定が行われ、結果、女子大生はASDの可能性があると診断された。

『発達障害と少年犯罪』（新潮新書）を書いた田淵俊彦／NNNドキュメント取材班は、「発達障害と犯罪に直接の関係はない」としながらも、「発達障害をもつ子どもの特性が、彼らを犯罪の世界に引き込んでしまう傾向があることは否めない」と明言している。このことを下敷きに、本書で取材した街娼たちを改めて見てみたい。

約1年にわたり密着取材をした琴音は、幼少期から10代前半までずっと母から虐待を受けていた。母が統合失調症だとわかると、琴音も統合失調症だと診断され、同時にＡＳＤを生まれ持つことがわかる。

「琴音と同じ精神科に通いクスリを飲んでいる」と話し、中１の冬に児童自立支援施設に預けられた未華子は、家族に愛された記憶がほとんどない。家族を憎みカネを無心し続けた末路は、家族からの絶縁だった。

言われるまで僕には気づけなかったが、高１のときに付き合っていた彼氏との失恋を機に精神を病みリストカットを繰り返すようになった梨花は、軽度の知的障害があり特別支援学級で学校生活を送っている。家庭は、梨花が小２のころから生活保護を受給するまでに生活苦で、子供ながらに「両親からの愛情を感じられることがほとんどなかった」と話したことが胸を打つ。

最後に、老女・久美さんも何らかの障害が疑われる。久美さんとは会話のキャッチボールがうまくできなかったばかりか、彼女が見せた行動は実に奇抜だったからだ。

取材を通して浮き彫りになったのは、精神疾患や障害と伴走するようにしてこじれる親子関係だ。そこでキーワードになるのが「愛着障害」である。愛着障害は従来、乳幼少期に何らかの原因により、両親との愛着形成がうまくいかず問題を抱えている状態のことをいう。恥ずかしながら僕は、その愛着障害という言葉を、実際に愛着障害を持つひとりの風俗嬢と知り合うなかではじめて知り深く調べるようになり、理解した。

パーソナリティ障害や発達障害を抱えた若者の治療に、長年にわたって関わってきた精神科医の岡田尊司は、著書『愛着障害 子ども時代を引きずる人々』（光文社新書）のなかで、うつや不安障害、アルコールや薬物、ギャンブルなどの依存症、境界性パーソナリティ障害や拒食症といった現代社会を特徴づける精神的なトラブルの多くにおいて、愛着障害はその要因やリスク・ファクターになっているばかりか、離婚や家庭の崩壊、虐待やネグレクト、結婚や子供をもつことの回避、社会に出ることへの拒否、非行や犯罪といった様々な問題の背景の重要なファクターとしてもクローズアップしている。

さらに発達障害の問題の背景には、かなりの割合で愛着の問題が関係している。実際、愛着障害が、発達障害として診断されるケースも多い。

従来、愛着の問題は、子供の問題、それも特殊で悲惨な家庭環境で育った子供の問題として扱われることが多かった。しかし、近年は、一般の子供にも当てはまるだけではなく、大人にも広く見られる問題だと考えられるようになっている。そして、愛着障害の要因は、主として養育環境にある、と論じている。

身元を秘すため名前は出せないが、前出の岡田のように多くの若者と向き合ってきたある精神科医は、愛着障害があると、売春に手を染めたり性風俗で働くなどの性的問題行動を起こしやすいと語る。

その精神科医の指摘がすっと腑に落ちた。こじれた親子関係は愛着障害として現実をむしばむのである。事実、僕が取材した多くは愛着障害を生むような養育環境を背景にして街娼になっている。

さらに前出の岡田は、別の著書『死に至る病 あなたを蝕む愛着障害の脅威』（光文社新書）のなかで、「生存と種の維持に困難を生じ、生きづらさと絶望をもたらし、慢性的に死の危険を増やすという意味で、『死に至る病』なのである」と愛着障害について論じている。それも、軽々しく「死」を口にする琴音や未華子と重なる――。

振り返れば、過去に取材したセックスワーカーたちにしても、精神疾患や発達障害、愛着障害が背景にあることが少なくなかった。それを僕は、知ってはいながらも、書くことをせずにずっと避け続けてきた。

だが、僕はついに書くことにした。この問題を直視しなければ、街娼たちの不遇な生い立ちをいくら記しても机上の空論になるだけだと思ったからだ。

障害と犯罪との関係を論じることがタブーとされてきたなかで、今回、僕は長年の懸案とはじめて向き合った。「貧困」や「ホス狂い」として括られているが、取材を通し、それは表層的な理解でしかないと改めて思い知らされたからだ。

本書は、刻一刻と変わる〝現在地〟の様相を瞬時に捉えるためにも、毎日のように都内近郊にある自宅から歌舞伎町に通い、徒歩圏内にある数少ないタバコの吸える喫茶店を転々としながら書き上げた。理由はそれだけではない。街娼たちがどこからともなく歌舞伎町へ集まってくるように、慣れ親しむこの地にいると、どこかほっとする自分がいたからだ。

2023年6月　高木瑞穂

主要参考文献

「大新宿」雑誌 昭和5年9月号(大新宿社)
「大久保病院15周年記念誌」(大久保病院/編)
「新宿 女たちの十字路――区民が綴る地域女性史」新宿区地域女性史編纂委員会/編(ドメス出版)
「近代都市下層社会II 貧民街 浮浪者 不良児・貧児」草間八十雄(明石書店)
「新宿歌舞伎町物語」木村勝美(潮出版社)
「新宿 性なる街の歴史地理」三橋順子(朝日新聞出版)
「街を浮遊する少女たちへ――新宿で〈待つ〉〈聴く〉を続けて五〇年」兼松左知子(岩波書店)
「新東京百景」冨田英三(スポーツニッポン新聞社出版局)
「戦後史大事典1945-2004 増補新版」佐々木毅/富永健一/正村公宏/鶴見俊輔/中村政則/村上陽一郎/編(三省堂)
「闇の女たち」松沢呉一(新潮文庫)
「日本風俗業大全」現代風俗研究所(データハウス)
「台湾人の歌舞伎町――新宿、もうひとつの戦後史」稲葉佳子/青池憲司(紀伊國屋書店)
「ヨコハマメリー/かつて白化粧の老娼婦がいた」中村高寛(河出書房新社)
「うわさの裏本」ブラボー川上/他(ワニマガジン社)
「東電OL殺人事件」佐野眞一(新潮社)
「ホス狂い」大泉りか(鉄人社)
「フーゾクの日本史」岩永文夫(講談社+α新書)
「敗戦と赤線 国策売春の時代」加藤政洋(光文社新書)
「愛着障害 子ども時代を引きずる人々」岡田尊司(光文社新書)
「死に至る病 あなたを蝕む愛着障害の脅威」岡田尊司(光文社新書)
「発達障害と少年犯罪」田淵俊彦/NNNドキュメント取材班(新潮新書)

主要参考サイト

性社会・文化史研究者・三橋順子のアーカイブ
https://zoku-tasogare-2.blog.ss-blog.jp
アイドルのため売春したか “普通”の女性教師が逮捕された“有名”立ちんぼスポット(文春オンライン)
https://bunshun.jp/articles/-/48783
新宿・歌舞伎町にある「売春ネットカフェ」潜入ルポ!(FRIDAYデジタル)
https://friday.kodansha.co.jp/article/247387
発達障害って、なんだろう?
https://www.gov-online.go.jp/featured/201104/index.html
みんなの障がい
https://www.minnanosyougai.com/guide/
「すごく、すごく、痛かった」女性客に包丁で殺されかけた20代ホスト…
彼がそれでも「恨みはない」と語った理由(文春オンライン)
https://bunshun.jp/articles/-/56700
《吉原ソープ嬢刺殺事件》「あそこの“ガチ恋営業”は有名」風俗店が配っていた“いちゃつき接客マニュアル”の
驚くべき内容とは 「待ちきれない」と抱き着く、キスを多めに…(文春オンライン)
https://bunshun.jp/articles/-/62735
「子供の命の保証はない」“トー横キッズのまとめ役”T容疑者(38)がキッズ(18)を監禁暴行し
母親から20万円を奪取 「薬物売買で失敗した子飼いの少年にキレて…」(文春オンライン)※
https://bunshun.jp/articles/-/62910
《証拠写真》「少女をシャブで釣ってホテルで…」トー横をシャブ漬けにした“130キロの巨漢”T容疑者(38)と
“ドンキサンダルの金髪坊主”U被告(38)の悪辣な正体(文春オンライン)※
https://bunshun.jp/articles/-/62911
「先生には見えない」歌舞伎町“立ちんぼ”逮捕 女性教師の変貌ぶり(NEWSポストセブン)
https://www.news-postseven.com/archives/20210926_1694383.html?DETAIL

※人名の伏字は鉄人社編集部による

ルポ 新宿歌舞伎町

路上売春

2023年7月26日　第1刷発行

著　者　　高木瑞穂
発行人　　尾形誠規
編集人　　平林和史
発行所　　株式会社 鉄人社
〒162-0801 東京都新宿区
山吹町 332オフィス87ビル3階
TEL 03-3528-9801
FAX 03-3528-9802
http://tetsujinsya.co.jp/

カバー写真　村上庄吾
デザイン　細工場
印刷・製本　新灯印刷株式会社

ISBN978-4-86537-260-1　C0036